Haftungsausschluss

Der Inhalt dieses Buches wurde mit großer Sorgfalt geprüft und erstellt. Für die Vollständigkeit, Richtigkeit und Aktualität der Inhalte kann jedoch keine Garantie oder Gewähr übernommen werden.

Der Inhalt dieses Buches repräsentieren die persönliche Erfahrung und Meinung des Autors. Der Inhalt sollte nicht mit medizinischer Hilfe verwechselt werden. Es wird keine juristische Verantwortung oder Haftung für Schäden übernommen, die durch kontraproduktive Ausübung oder durch Fehler des Lesers entstehen. Das Buch ist eine Anleitung zu möglichen Erfolgsstrategien und keine Garantie für Erfolge. Der Autor übernimmt daher keine Verantwortung für das Nicht-Erreichen der im Buch beschriebenen Ziele.

Dieses Buch enthält Links zu anderen Webseiten. Auf den Inhalt dieser Webseiten haben wir keinen Einfluss. Deshalb kann auf diesen Inhalt auch keine Gewähr übernommen werden. Die verlinkten Seiten wurden zum Zeitpunkt der Verlinkung auf mögliche Rechtsverstöße überprüft. Für die Inhalte der verlinkten Seiten ist aber der jeweilige Anbieter oder Betreiber der Seiten verantwortlich. Die verlinkten Seiten wurden zum Zeitpunkt der Verlinkung auf mögliche Rechtsverstöße überprüft. Rechtswidrige Inhalte konnten zum Zeitpunkt der Verlinkung nicht festgestellt werden.

Eine permanente inhaltliche Kontrolle der verlinkten Seiten ist jedoch ohne konkrete Anhaltspunkte einer Rechtverletzung nicht zumutbar. Bei Bekanntwerden von Rechtsverletzungen werden wir derartige Links umgehend entfernen.

Inhaltsverzeichnis

EINMAL SELBSTBEWUSSTSEIN, BITTE!

"Herr Ober, ich hätte gerne einmal Selbstbewusstsein, gewürzt mit ein bisschen Selbstwertgefühl und einer Prise Selbstvertrauen. Gerührt, nicht geschüttelt!"

So oder so ähnlich würde wohl die Bestellung vieler von uns ans Leben lauten. Denn Selbstbewusstsein ist scheinbar die goldene Lösung für viele unserer alltäglichen Probleme. Du würdest gerne die Welt retten? Deine 1.000 Ideen und Träume verwirklichen? Und dann kommen diese nagenden Zweifel, warum ausgerechnet du das Schaffen solltest. Ein jeder von uns hat Probleme und Hürden zu meistern, doch komischerweise sind es doch meistens die Kritik und die Bewertung durch andere, die uns wirklich treffen. Mit etwas mehr Selbstbewusstsein prallen solche Bemerkungen einfach an uns ab!

Doch ist die Lösung wirklich so einfach? Löst mehr Selbstbewusstsein wirklich so viele unserer Probleme? Und wenn ja, wo gebe ich bitte meine Bestellung auf?

Was ist eigentlich dieses Selbstbewusstsein genau?

#diehshtagsunterdemtitelsinddiepsychologischeaufheiterungdessonststaubtrockenenschreibstils

Das Wort Selbstbewusstsein wird häufig mit folgenden Eigenschaften assoziiert: Stark in der eigenen Meinung, offen, extrovertiert. Das kann zutreffen, muss es aber nicht. Tatsächlich bedeutet es einfach, dass man ein Bewusstsein für das hat, was man ist, was man tut und wie man es tut. So gibt es Menschen, die komplett offenherzig sind, einen Spruch nach dem anderen raushauen und einen ganzen Raum mit ihrer Energie ausfüllen können – sich dessen aber nicht bewusst sind. Und es gibt Menschen, die eher introvertiert sind, lieber still zuhören als ihre eigene Meinung heraus zu posaunen und am liebsten unauffällig bleiben – sich dessen aber sehr bewusst sind.

Selbstbewusst sind wir eher in alltäglichen Tätigkeiten, in denen wir routiniert sind. Dort haben wir jede Menge Erfahrungen gesammelt und sind mit vielen Eventualitäten vertraut. Weil wir uns so viel mit ihnen beschäftigen, besitzen wir ein großes Bewusstsein für das, was wir tun, welche Rolle wir dabei spielen und ob wir es gut machen.

In ungewohnten Situationen dagegen ist es viel schwieriger, sich seiner selbst völlig bewusst zu sein. Wir sind unsicher, was alles falsch laufen kann und ob wir die Möglichkeit haben, etwas daran zu ändern. All das hat sehr viel mit den Ansprüchen an das Ergebnis unserer Tätigkeiten zu tun.

Was aber ist, wenn ich Routinen in meinem Alltag eher vermeide, weil sie mich auf Dauer langweilen? Fällt es mir dadurch schwerer, Selbstbewusstsein zu bekommen? Kann ich überhaupt ein selbstbewusster Mensch werden, wenn ich mich und meine Umgebung gerne einer dauerhaften Veränderungsschleife aussetze?

Keine Sorge, unser Gehirn gewöhnt sich auch an den Zustand dauerhafter Veränderung und erschafft sich dort seine eigenen Routinen. Wenn wir an Routinen denken, dann verbinden wir sie sehr oft mit inhaltlich gebundenen Abläufen, zum Beispiel: "Ich koche mir jeden Tag

Spaghetti." Wenn wir uns vom Inhalt wegbewegen und unsere Aufmerksamkeit auf die Struktur richten, dann findet unser Gehirn dort viele kleine Routinen und immer wieder die gleichen Abläufe und Verhaltensstrategien. Wenn du zum Beispiel immer dann, wenn dein Magen knurrt, an den Kühlschrank gehst und dir aus den vorhandenen Lebensmitteln ein Essen zusammenmauschelst, dann ist der Inhalt, WAS du kochst zwar immer ein anderer, aber die Struktur, WIE du dabei vorgehst, ist dabei immer die gleiche.

Lange Rede kurzer Sinn. Fakt ist: Es gibt Momente, in denen du sehr selbstbewusst bist. Und von diesen Momenten kannst du lernen!

Eine Präsentation vor vielen Menschen zu halten, ist für die meisten eine Horrorvorstellung und eine gigantische Hürde. Aus dem einfachen Grund, dass es für die meisten nicht zum Tagesgeschäft gehört. Lampenfieber kann selbst Profis mit jahrelanger Erfahrung packen.

Dennoch gilt auch hier: Mit zunehmender Routine und gesammelten Erfahrungswerten entwickelt man ein immer stärkeres Bewusstsein für die eigenen Fähigkeiten, für das eigene Auftreten, für die Reaktionen, die man hervorruft und für zahlreiche Eventualitäten. Konkret bedeutet das: Unser Selbstbewusstsein ist nicht starr, es ändert sich dynamisch. Es wird davon beeinflusst, wie wir die Welt sehen, wie wir uns selbst in dieser Welt positionieren und welche Erwartungen wir an uns haben. Es ist dynamisch, das bedeutet auch, dass wir es bewusst verändern können.

Es kommt also nicht auf die Routinen und Gewohnheiten an, die wir uns schaffen oderversuchen zu vermeiden, sondern an die eigene Erwartung an das Ergebnis und wie wir uns selber dabei beurteilen.

Dazu müssen wir verstehen, woraus sich unser Selbstbewusstsein bildet. Es ist die Befriedigung vier elementarer Bedürfnisse, die wir in uns tragen.

Selbstbewusstsein ist die Selbstfindung der vier elementaren Aspekte:

Der Wunsch, etwas zu sein

Die Sehnsucht, etwas zu bewirken

Der Glaube an sich selbst

Das Vertrauen auf das, was kommt

Jeder hat den Wunsch, etwas zu sein. Wir wollen uns selbst einer Gruppe zuordnen können und wir wollen als etwas oder jemand ganz Bestimmtes gesehen werden.

Ebenso wollen wir einen Einfluss haben. Das kann im Großen wie im Kleinen sein. Egal, ob wir auf das Weltgeschehen, unsere Umwelt oder unser nächstes Umfeld wirken wollen. Es raubt uns enorm viel Selbstbewusstsein, wenn wir das Gefühl haben, irrelevant zu sein.

Der Glaube an uns selbst ist unser wichtigster Antrieb. Ist er stark, machen wir uns von äußeren Umständen unabhängig. Wenn wir jedoch selbst nicht an uns glauben, sind wir ständig auf der Suche nach anderen Menschen, die uns Bestätigung geben und die an uns glauben. Es ist de facto nichts Verwerfliches daran, Menschen um sich zu haben, die Rückhalt durch den Glauben an uns und unser Tun geben, doch diese Art des Glaubens an uns lässt uns angewiesen sein auf äußere Einflüsse und macht uns letztlich abhängig.

Das, was auf uns zukommt, unterliegt nie ganz unserer Kontrolle. Wir können beeinflussen, aber nicht steuern. Dieses Wissen kann uns stark verunsichern und Angst machen. Das Einzige, was gegen diese Angst hilft, ist Vertrauen. Vertrauen in das, was kommt.

Hab Vertrauen,
Leben funktioniert!

Wie entsteht Selbstbewusstsein?

#egalichwilleseinfachhaben

Wir Menschen sind Gewohnheitstiere. Zumindest die meisten von uns. Ich bin da keine Ausnahme! Doch wie soll es uns gelingen, uns in einer fremden und ungewohnten Umgebung genauso entspannt zu fühlen wie Zuhause?

Jetzt fragst du dich sicherlich: Hebeln sich die beiden Einstellungen "Routinen vermeiden" und "Gewohnheiten lieben" nicht gegenseitig aus? Routinen sind eine Abfolge an mehreren aneinander gereihten Tätigkeiten. Eine Gewohnheit ist hingegen keine Abfolge. Ich kann es mir zur Gewohnheit machen, jeden Tag im Bett zu arbeiten. Würde zu dieser Gewohnheit noch eine feste Abfolge von Aufgaben wie " Mails beantworten, Recherche und im Anschluss Zusammenfassung schreiben" kommen, dann hätte ich eine Routine.

Aber warum fühlen wir uns in unseren Gewohnheiten so pudelwohl?

Zunächst: Warum fühlen wir uns zu Hause eigentlich so pudelwohl? Der Mensch ist ein Kontrollfreak. Musste er sein, sonst hätte er die Säbelzahnfraktion nicht überlebt. Denn Kontrolle bedeutet mehr Sicherheit. Um die Kontrolle behalten zu können, hält man sich am besten wo auf? Genau! Da, wo man alles kennt und sich so wenig wie möglich verändert. Also in einer gewohnten Umgebung - zum Beispiel Zuhause. Wir fühlen uns Zuhause am wohlsten, weil es dort sicher ist, weil wir fast alles unter Kontrolle haben. Doch was bedeutet Kontrolle eigentlich?

KONTROLLE ist die ÜBERWACHUNG oder ÜBERPRÜFUNG eines SACHVERHALTS

Überwachung und Überprüfung funktioniert bei einem Zuhause natürlich besser als an einem unbekannten Ort. Doch um was für eine Kontrolle im ursprünglichen Sinn geht es eigentlich, damit wir uns wohler fühlen?

Im Grunde genommen geht es um Selbstkontrolle. Diese zu finden fällt uns allerdings schwer, solange wir uns selbst fremd sind. Also suchen wir sie im Außen. Problematisch, denn in vielen Umgebungen haben wir eben nicht die Möglichkeit, alles zu kontrollieren. Wenn wir uns also in einer unbekannten Umgebung entspannt fühlen wollen wie Zuhause, dann fangen wir am besten mit der Selbstkontrolle an. Und das gelingt uns am besten, wenn wir uns selbst ein bisschen besser kennenlernen. Nur wenn wir uns und unsere Werte kennen, können wir diese auch überwachen. Nur wenn wir unsere Fähigkeiten kennen, können wir sie auch immer wieder prüfen.

Du kannst dir das in etwa so vorstellen: Deine Fähigkeiten, Werte, Stärken und Schwächen sind deine Waffen. Sie unter Kontrolle zu haben, gibt dir Sicherheit. Stell dir vor, du sitzt mit deinem Klan in einer Höhle und draußen hört ihr einen Säbelzahntiger näherkommen. Dies könnte dezent beunruhigend sein! Wenn du aber weißt, dass du sechs starke Männer mit Speeren an deiner Seite hast und einen riesigen Felsbrocken, der im

Notfall auf das Untier gerollt werden kann, dann bist du dir deiner Stärken bewusst.

In einem solch herausfordernden Moment machst du als erstes was? Genau, du überwachst und überprüfst deine Waffen. Selbst in einer Situation, in der du keine Gefahr erwartest, macht dein Hirn quasi nichts anderes als zu überwachen (sind alle Waffen noch da?) und zu überprüfen (funktionieren sie auch alle noch?).

Noch einmal ein anderes Beispiel, denn mir ist es sehr wichtig, dass du dies verstehst. Nehmen wir mal an, du hättest als Kind Kung Fu gelernt und warst sogar außergewöhnlich gut. Jetzt, ein paar Jahre später, bist du nachts im Dunkeln unterwegs. Was macht dein Gehirn? Es überprüft und überwacht, damit deine Sicherheit gewährleistet ist. Oftmals passiert das unbewusst und wir bekommen es gar nicht mit. Dann bemerken wir davon nur das Ergebnis, nämlich plötzlich aufkommendes Unwohlsein und Alarmbereitschaft. In unserem kleinen Szenario könnte das in etwa so aussehen:

Überwachung der Waffen/Fähigkeiten:
Kung Fu, schnelles Rennen, Pfefferspray

Überprüfung:
Ausdauer vorhanden, da regelmäßiges Training, Pfefferspray leer (Mist!), altes Kung Fu Wissen schnell nochmal ins Gedächtnis rufen.

Deine Waffen sind deine Fähigkeiten, deine Werte, deine Stärken und deine Schwächen. Ja, auch die sind ein Teil von dir. Sie sind deine Waffen gegen subtilere Gefahren wie Unsicherheit, Wankelmütigkeit, Antriebslosigkeit oder Abhängigkeit. Wenn du weißt, wer du bist und was du kannst, dann kann dein Hirn überwachen und überprüfen. Dann fühlst du dich nicht nur sicher und entspannt, sondern auch selbstbewusst. Suche die Kontrolle und die Sicherheit immer im Innen und nie im Außen.

Übrigens ist das auch der Grund dafür, dass du dich in alltäglichen Routinen selbstbewusster fühlst als bei neuen Aufgaben. Das liegt schlicht und ergreifend daran, dass du um all deine Fähigkeiten weißt, denn Alltagsroutinen meisterst du ja mit links!

Selbstbewusstsein und seine Wurzeln

#vonmuddigeerbt

Kennst du diese Familien, die quasi überlaufen vor Selbstbewusstsein. Wo schon die Kleinsten rumlaufen, als hätten sie bereits die Welt gerettet? Beneidenswert! Doch woher kommt das?

Dieses Kapitel liegt mir ganz besonders am Herzen, denn es enthält einige Informationen, die für junge Menschen unglaublich wichtig sind und somit auch für jeden, der mit Kindern und Jugendlichen zusammenarbeitet. Und natürlich auch für jeden, der sich selbst besser verstehen möchte.

Selbstbewusstsein hat ganz viel mit der eigenen Identität und der Zugehörigkeit zu tun. Je klarer du weißt, wer du bist und wohin du gehörst, desto größer ist auch dein Selbstbewusstsein. Bei Kindern kann man das sehr schön beobachten, denn Kinder können sich noch keine eigene Identität erschaffen. Sie sehen sich als das, was die Umgebung ihnen vorgibt, zu sein. Erst mit circa zwei Jahren bekommen Kinder das erste Gefühl für ein Selbstbewusstsein, denn dann erkennen sie, dass es ein Ich gibt. Setzt man Babys vor einen Spiegel, erkennen sie ihr eigenes Spiegelbild nicht, das ändert sich erst mit etwa zwei Jahren. Forscher haben das herausgefunden, indem sie den Kindern einen roten Fleck auf die Stirn gemalt haben. Kinder unter zwei Jahren haben auf diesen Fleck nicht reagiert. Kinder ab zwei Jahren haben versucht, ihn an ihrer eigenen Stirn wegzuwischen.

Wenn wir auf die Welt kommen, machen wir für eine sehr lange Zeit nichts anderes, als alles zu kopieren und zu spiegeln, was unsere Bezugspersonen uns vorgeben. Verhalten, Glaubenssätze, Fähigkeiten, Strukturen, Muster, Weisheiten, Weltbilder - all das wird bereits kopiert und ohne Filter aufgenommen. Viele Eltern sagen, dass ihre Kinder manchmal wie ein Spiegel sind, den sie ab und an vorgehalten bekommen. Dann sehen sie, was sie eigentlich wirklich machen, beziehungsweise was bei ihrem Kind ankommt. Eigentlich können Eltern Kopien von sich selbst aufwachsen sehen, mal sehr radikal ausgedrückt und mit einem Augenzwinkern.

Und da Kinder erst noch lernen müssen, ein eigenes Selbstbewusstsein aufzubauen, nehmen sie lange Zeit die Identität für sich an, die ihre Bezugspersonen ihnen geben. “Du bist ja ein Wilder!” oder “Du bist ja eine ganz Brave!” Wir Menschen nehmen oft nicht die Realität auf und sprechen sie aus, in Wahrheit gehen wir von vermeintlichen Tatsachen aus, kommunizieren diese und erst dadurch werden sie Realität. Schwer zu glauben? Hier ein Forschungsexperiment als Beispiel:

Forscher stellten einen Lehrer vor eine Klasse, in der die Hälfte der Kinder aus Hochbegabten bestand und die andere aus hyperaktiven, durchschnittlich begabten Kindern. Die Herausforderung: Der Lehrer sollte es schaffen, beide unterschiedlichen Gruppen gemeinsam in den Unterricht einzubinden. Ihm wurde mitgeteilt, dass die hochbegabten Schüler auf der linken Seite sitzen würden und die mit Aufmerksamkeitsproblemen auf der rechten. In Wahrheit saßen die begabten Kinder links und die durchschnittlich begabten rechts. Dies wurde dem Lehrer absichtlich falsch mitgeteilt. Was nun geschah war äußerst interessant, denn nach ein paar Wochen hatten die ehemals schlechten Kinder Einsen und Zweien und die hochtalentierten verschlechterten sich in ihrer Leistung drastisch. Was war passiert? Der Lehrer hatte unwissend nichts anderes getan, als den Kindern ihre neue Identität zu spiegeln, welche die Kinder nach und nach angenommen hatten.

Hatte das vermeintliche Wunderkind an der Tafel zum Beispiel etwas falsch vorgerechnet, steckte für den Lehrer natürlich die Absicht dahinter, die lernschwächeren Kinder nicht bloßzustellen. Und rutschte es unruhig auf dem Stuhl, war das ein Anzeichen für die Unterforderung und die daraus resultierende Langeweile. Genauso bei den vermeintlich schlechten Schülern, die die richtigen Lösungen nur abgeschrieben haben konnten und während des Unterrichts nur am Träumen waren. Der

Mensch sieht immer nur das, was er sehen möchte! Er interpretiert seine Beobachtungen so, dass sie wieder zu seinem Weltbild passen.

Der Knackpunkt ist: Wir als Kinder können uns selbst keine eigene Identität erschaffen. Wir nehmen das an, was uns vorgespielt wird. Wir werden in Deutschland typischerweise durch unsere Eltern und Lehrer geprägt und nach deren Wertungsmaßstäben beurteilt - und bauen auf diesen Maßstäben auch unseren Selbstwert und unser Selbstbewusstsein auf. Das akzeptieren wir und laufen mit dieser Scheinidentität rum, die wir oft weder ändern noch hinterfragen können. In der Pubertät kommt dann der große Umbruch, doch bis wir in der Lage sind, uns eine Identität selbst zu erschaffen, dauert es gerne mal bis wir 25 Jahre sind. Experten raten Eltern immer wieder dazu, mit ihren Kindern zusammen ein passendes Hobby für diese zu suchen und sie gegebenenfalls Mitglied eines Vereins werden zu lassen. Auch das gibt uns als Kindern ein großes Stück Identität mit. Bist du Sportler oder Musiker, ist das ein Teil von dir; du bist zugehörig und das gibt dir Selbstbewusstsein. Eine weitere wichtige Zutat für ein gesundes Selbstbewusstsein ist die Akzeptanz. Wenn dein Hobby akzeptiert wird, wird auch ein Teil von dir akzeptiert und du kommst leichter zu der Erkenntnis: Ich bin okay so wie ich bin!

Nun erarbeiten wir uns in der Pubertät eine neue Identität und haben dann bis Mitte 20 etwas Eigenes erschaffen. Zunächst werden wir uns als Teenager unserer momentanen Identität bewusst, dann hinterfragen wir sie, dann versuchen wir, sie zu verändern, probieren uns aus, bis wir schließlich etwas gefunden haben, das uns neu definiert. Diejenigen, die arbeiten gehen, bekommen in der Regel schneller eine eigene Identität. Vielleicht ist es dir aufgefallen, dass die Studenten länger Kind bleiben, als diejenigen, die im selben Alter sind, aber schon eine ganze Weile gearbeitet haben. Viele begründen das mit Dorfwahrheiten wie "Der musste halt schneller Erwachsen werden!" oder "Lehrjahre sind keine Herrenjahre!". Auf den nächsten Seiten werden wir lernen, dass es auch so etwas wie geliehenes Selbstbewusstsein gibt. Wenn du einen Beruf ausübst, bist du wer und gehörst zur Gruppe derer, die diesen Beruf ausüben.

Hinzu kommt noch, dass die Berufstätigen früher und intensiver mit den wichtigen Fragen des Lebens konfrontiert werden. Wenn du herausfinden willst, was du beruflich machen möchtest, solltest du anfangen, dir deiner selbst bewusst zu werden. Welcher Beruf, welche Branche passt zu dir, welcher Arbeitstyp bist du, welche Arbeitsweise legst du an den Tag, was für ein Kollegentyp bist du, wo willst du später mal hin? Studium verlängert die Schulzeit und hier dauert der Prozess der Identitätsfindung häufig entsprechend länger. Bei der Auswahl des richtigen Studienganges begeben wir uns auch schon auf den Pfad der Identitätsfindung, nur in viel geringerem Maße, denn nur das Themengebiet ändert sich, die Struktur deiner Arbeitsweise bleibt die Gleiche.

Wenn du dir durch das geliehene Job-Selbstbewusstsein einen Teil deiner Identität neu erschaffst und damit dein altes und vorgegebenes Identitätsprofil ersetzt, dann bist du in deinem Entwicklungsschritt schon ein wenig weiter als derjenige, der noch am Lernen ist. Was es mit dem geliehenen Selbstbewusstsein genau auf sich hat, dass erfährst du in einem späteren Kapitel.

Ob Studium oder nicht, Fakt ist: In uns allen schlummern noch die Überreste unserer übernommenen Scheinidentität. Teilweise sind sie nützlich, meistens aber eher hinderlich. Denn wir bauen unser Selbstbewusstsein auf ein Fundament, das bröckelt, da es teilweise gar nicht unser eigenes ist. Um langfristig ein gesundes und natürliches Selbstbewusstsein aufzubauen, wird es also langsam Zeit, sein Fundament zu hinterfragen. Wer bist du nicht mehr? Wer warst du nie gewesen? Was soll kein Teil mehr von dir sein? Wenn dir das gelungen ist, dann steht dem Aufbau deines eigenen Selbstbewusstseins nichts mehr im Weg. Es gibt viele Menschen, die keinen leichten Start ins Leben hatten und möglicherweise gehörst du ja auch zu dieser Gruppe. Du bist deiner Herkunft und deiner Kindheit nicht völlig ausgeliefert. Egal, was dir wiederfahren ist, oder wie groß und prägend die Hürden auch waren, du bestimmst ganz allein, wer und was du sein möchtest. Dein Gehirn ist in der Lage, alte Strukturen aufzugeben und neue zu erkennen und zu verknüpfen. Das erfordert Geduld und Übung, aber entscheidend ist: Es geht! Also egal, wo du jetzt in deinem Leben stehst, du kannst immer noch der Mensch werden, der du gerne sein möchtest.

Lust zu lernen?

1. *Fallen dir spontan schon Dinge ein, die nicht mehr zu dir gehören?*

2. *Gibt es Dinge, die dir schon als Kind ein mulmiges Gefühl gaben, wenn sie über dich gesagt wurden?*

3. *Häufig beginnen identitätsprägende Sätze mit "Du bist" oder "Du bist nicht", "Du kannst" oder "Du kannst nicht". Kannst du dich an solche Sätze von deinen Bezugspersonen erinnern?*

4. *Was haben deine Bezugspersonen früher immer über dich gesagt? Stimmt das noch?*

5. *Für welches Verhalten wurdest du früher immer bestraft?*

6. *Für welches Verhalten wurdest du früher immer gelobt?*

7. *Wie denkst du heute über dein Verhalten?*

8. *Wer möchtest du sein?*

9. *Wer möchtest du nicht sein?*

10. *Hast du das Gefühl, akzeptiert zu werden? In welchen Bereichen wirst du akzeptiert und wo hast du das Gefühl, dass dir hier die Akzeptanz anderer fehlt? Wie kannst du das ändern oder herausfinden?*

let's coach!

Egal ob du nun von deinen Eltern sehr viel Selbstbewusstsein mit auf deinen Weg bekommen hast oder nicht, du kannst in jedem Falle sehr viel aus deiner Vergangenheit lernen. Wie das geht, das zeige ich dir mit einer sehr kreativen kleinen Selbstcoaching Übung:

Lust zu lernen?

1. *Schaue auf dein Leben zurück: Wo gab es Höhen und Tiefen in deinem Leben? Wo hast du schwierige Hindernisse überwunden und wo hast du Erfolge gefeiert?*

2. *Jetzt nimm dir einen Zettel und einen Stift und male deinen Lebenslauf in Form einer Landschaft nach. Berge für alle Höhen in deinem Leben und tiefe Täler für alle Tiefen in deinem Leben.*

3. *Nachdem du deine eigene Lebenslandschaft gezeichnet hast, markiere alle wichtigen Stationen und gebe den Bergen und Tälern einen Namen.*

4. Schreibe zu jedem Berg und zu jedem Tal die Antwort zu folgenden Fragen auf:

5. “Was war in diesem Berg/Tal kennzeichnend?

6. “Was war gut/nicht gut?”

7. “Wie waren die Tätigkeiten, Anforderungen, Beziehungen?”

8. “Was hast du aus der jeweiligen Etappe gelernt?”

9. “Wofür bist du im Nachhinein dankbar?” (Auch bei den Tälern!)

let's coach!

TEST: Wie Selbstbewusst bist du wirklich?

#sagmawerichbinhabsvergessen

So, nun ist dein Fundament endlich dein Fundament und du konntest alle fremden Bauteile, die nicht zu dir gehört haben entfernen. Jetzt gehen wir noch einen Schritt weiter, denn wir machen eine kleine Bestandsaufnahme deiner aktuellen Situation. Um herausfinden zu können, wie du genau an mehr Selbstbewusstsein aufbauen kannst, müssen wir erstmal herausfinden, von wo die Reise bei dir genau startet. Wie deine momentane Ist-Situation aussieht, das verrät dir folgender Test:

***Für den folgenden Test brauchst du einen Zettel und einen Stift.*[1]**

Beantworte die Fragen genauso, wie du dich fühlst. Gebe 5 Punkte, wenn die Aussage voll auf dich zutrifft. Gebe 0 Punkte, wenn die Aussage nicht auf dich zutrifft! Falls du dich nicht entscheiden kannst, gibt's ja noch ein paar dazwischen.

Am Ende rechnest du alle Punkte zusammen und suchst dir bei den Ergebnissen die passende Antwort heraus.

[1] Du kannst den Test auch gerne online auf unserer Website machen. Dort findest du auch ein passendes PDF zum Ausdrucken, falls dir das lieber ist. (https://justmycoach.de/test-scanner-persoenlichkeit/)

DER TEST

1. *Ich erkenne ziemlich gut, was für mich persönlich wichtig ist und was ich brauche.*
2. *Ich kenne mich und meine Stärken genau.*
3. *Meine Stärken werden auch von meinen Mitmenschen als Stärken wahrgenommen.*
4. *Ich kritisiere mich nicht für meine Fehler.*
5. *Ich kann meine Fähigkeiten sehr realistisch einschätzen.*
6. *Ich liebe meine Schwächen, ebenso wie meine Stärken.*
7. *Es fällt mir sehr leicht, in jedem Moment meines Lebens 100% Ich zu sein und spiele zu keinem Zeitpunkt eine fremde Rolle.*
8. *Ich kenne mich und meine wichtigsten Werte.*
9. *Fehler sind für mich Feedback und eine tolle Chance, neue Dinge zu lernen, und mich zu verbessern und weiterzuentwickeln.*
10. *Ich weiß genau, was ich in meinem Leben noch alles erreichen möchte.*
11. *Ich kenne den Sinn meines Lebens.*
12. *Ich habe meine Vision vom Leben gefunden und auch meine vielen "Warums".*
13. *Kritik ist für mich wertvolles Feedback von außen und ich bin jedes Mal sehr dankbar dafür.*
14. *Ich respektiere mich mit allen Eigenheiten, Macken und Kanten.*
15. *Wenn es bei Begegnungen mit anderen Menschen sehr emotional wird, fällt es mir leicht, Abstand zu halten.*
16. *Ich bin ein optimistischer und positiv denkender Mensch und werde dafür sehr geschätzt.*
17. *Ich fühle mich auch in schwierigen Situationen wohl in meiner Haut und bleibe ruhig.*
18. *Ich sehe mein Leben eher als Prozess, in dem ich lernen und wachsen darf.*
19. *Den Umgang mit schwierigen Menschen sehe ich als gute Lernstunde.*

20. *Ich bin mit meinem Körper und meinem Aussehen total zufrieden und liebe auch die unvollkommenen Seiten.*
21. *Ich habe keine Angst vor Risiken, nehme sie aber trotzdem sehr deutlich wahr.*
22. *Ich habe ein sehr ausgeprägtes Gespür dafür, was ich im Leben brauche und was nicht, um glücklich zu sein.*
23. *Alle Bereiche meines Lebens sind meistens im Gleichgewicht.*
24. *Ich bin sehr stolz darauf Ich zu sein.*
25. *Es macht mir nichts aus, meine Meinung vor anderen Menschen zu äußern.*
26. *Ich habe kein Problem damit, vor vielen Menschen zu sprechen.*
27. *Ich habe sehr oft das Gefühl, meinen Platz in der Welt schon gefunden zu haben.*
28. *Ich habe genau die Menschen in meinem Leben, die ich mir schon immer gewünscht habe.*
29. *Ich habe die Gewissheit, dass egal was in meinem Leben geschehen ist, ich die Verantwortung habe und mein Leben jederzeit so ändern kann, wie ich das möchte.*
30. *Es macht mir nichts aus, meine Komfortzone regelmäßig zu verlassen.*
31. *Es macht mir überhaupt nichts aus zu verlieren.*
32. *Wenn andere über meine Eigenheiten lachen, lache ich am lautesten mit.*

160 Punkte -150 Punkte

Wow, du könntest der Autor unseres Buches sein. In Sachen Selbstbewusstsein weißt du ganz genau wie der Hase läuft. Du weißt genau wer du bist, was du kannst und was nicht. Es ist sehr schön, jemanden zu treffen, der sich und sein Leben kennt und liebt. Du weißt wahrscheinlich wie kein zweiter, dass Selbstbewusstsein vergänglich ist und man nie genug über sich wissen kann. Wir wünschen dir sehr viel Spaß bei unseren Selbstcoaching Übungen. Wenn du magst, dann kannst du uns gerne eine Nachricht schreiben, was du in deinem Leben alles erlebt hast und wie du dein Selbstbewusstsein gewonnen hast.

150 Punkte -135 Punkte

Klasse, du bist definitiv schon auf dem richtigen Weg. Du hast eine ungefähre Ahnung davon, wer du bist und was du mit deiner Zeit anfangen möchtest. Schwierige Situationen bringen dich nur noch manchmal aus dem Konzept. Wenn du dein Selbstbewusstsein und das Wissen über dich noch weiter entdecken und fördern möchtest, dann bist du hier genau richtig. Jedes Puzzleteilchen, dass du über dich findest, bringt dich ein Stück weiter zu dem Leben, dass du dir schon immer gewünscht hast.

135 Punkte -70 Punkte

Super, wir kommen zur absolut richtigen Zeit in dein Leben und unsere Selbstcoaching Übungen kommen wie gerufen für dich. Dein Leben hat wahrscheinlich noch nicht ganz die Form und Farben angenommen die du dir für dein Leben wünscht und vielleicht ist gerade eine schwierige Phase in deinem Leben, in der diese Tools dir wunderbar helfen können. Die eingeschlichenen Belastungen, die dich vielleicht schon eine Weile begleiten, können schon bald der Vergangenheit angehören. Das Wichtigste: Du hast den schwierigsten Schritt schon hinter dir. Denn du hast angefangen, dich mit dir zu beschäftigen und dich auf die Suche nach deinem wundervollen Wesenskern zu machen. Das ist super, denn nur wer sich selbst kennt, kann sich selbstbewusst das Leben kreieren, das er sich schon immer gewünscht hat.

70 Punkte - 30 Punkte

Oh je, unsere Selbstcoaching Übungen kommen ja wie gerufen. Du stehst vermutlich gerade in einer ziemlich schwierigen Phase in deinem Leben. Aber Kopf hoch, das ist überhaupt nicht schlimm. Denn eines ist gewiss, schlimmer geht nimmer. Und schau mal, du hast den schwierigsten und wichtigsten Schritt schon gemacht. Du hast erkannt, dass für dein Selbstbewusstsein vielleicht ein kleiner Pusher notwendig ist und du hast dich dazu entschlossen, diesen Test zu machen. Auch wenn er nicht lange gedauert hat, du hast dennoch schon angefangen, etwas über dich zu lernen. Wenn du Schritt für Schritt diesem Weg zu dir selbst folgst, dann steht dir und einem wundervollen Leben nichts mehr im Weg.

Behalte deinen Zettel mit den ausgerechneten Punkten und deinen Antworten. Wenn du magst, dann darfst du den Test gerne im Anschluss noch einmal machen. Wie selbstbewusst bist du, nachdem du alle Übungen in diesem Buch gemacht hast?

SELBSTBEWUSSTSEINS KILLER

Wie wir uns regelmäßig unser Selbstbewusstsein weg interpretieren

#eigentlichwärichperfektwärendanichtmeine1.000schwächen

Viele Menschen, die ein geringes Selbstwertgefühl haben oder zu haben glauben, ziehen sich von anderen Menschen zurück. Sie machen negative Erfahrungen, die ihnen nicht guttun, sodass sie infolgedessen den Rückzug antreten. Wenn keiner da ist, dann kann mich auch keiner verletzen! Vielleicht ist es dir in deinem Alltag auch schon einmal so oder ähnlich ergangen. Vielleicht gab es auch bei dir Momente, in denen du dir einen Schutzpanzer gewünscht hast. Einen, der dich und dein Selbstbewusstsein beschützt. Doch warum fühlen die einen sich verletzt, während die anderen nicht einmal einen Kratzer davontragen? Was unterscheidet diese Menschen voneinander?

Haben die
ANDEREN
vielleicht
RECHT?

Durch unser fehlendes Selbstbewusstsein sind wir unsicher und fragen uns: Bin ich okay, so wie ich bin? Ist es okay, was ich gerade mache? Ist es okay, was ich gerade gesagt habe? Ist es in Ordnung, wie ich im Moment aussehe?

Wenn wir von außen einen abwertenden Blick, einen unfreundlichen Kommentar oder eine unqualifizierte Bemerkung bekommen, hört auch immer unsere Unsicherheit mit. Menschen mit einem großen Selbstbewusstsein sind auf diesem inneren Ohr schwerhörig oder zumindest schenken sie ihm weniger Beachtung. Dementsprechend sieht es so aus, als ob sie solche Dinge nicht berühren. Dahinter steckt folgendes: Sie hören durchaus auch auf diesem Ohr mit. Der Unterschied zwischen Menschen mit mehr oder weniger Selbstbewusstsein liegt in der inneren Reaktion auf den äußeren Einfluss. Es ist weniger die dumme Bemerkung oder der urteilende Blick, was uns verletzt, sondern der innere Zweifel: Haben sie vielleicht Recht? Wie wir uns selbst diese Frage beantworten, spielt eine entscheidende Rolle dabei, wie gesund unser Selbstbewusstsein ist.

Um wirklich begreifen zu können, wie das Ganze funktioniert und an welcher Stelle wir genau eingreifen können, um umzulenken und zu verändern, müssen wir einen kleinen Schwenk hinter die Kulissen unseres Gehirns machen. Für alle Überblicks liebenden Menschen:

Äußeres Verhalten → Wahrnehmung → Interpretation→

Gefühl → Reaktion

Sprich: Wir nehmen etwas wahr und interpretieren etwas, das zu unserem Weltbild passt. Daraus entsteht bei uns ein Gefühl - entweder positiv oder negativ. Und diesem Gefühl entsprechend reagieren wir. Ob das Gefühl positiv oder negativ ist, hängt allein davon ab, welche Interpretation bei uns zustande kommt. Doch wie entsteht diese Interpretation?

Hier ein Beispiel: Eine Assistentin sitzt an ihrem Arbeitsplatz, als ihr Chef plötzlich hereinplatzt und sich lautstark über falsch gelaufene Dinge aufregt, gefolgt von einer Reihe an Anweisungen, nach denen weiter verfahren werden soll.

Was geschieht währenddessen im Kopf dieser Assistentin? Zunächst werden verschiedene Informationen, beispielsweise eine laute Stimme, ein roter Kopf oder fliegende Spucke, wahrgenommen. Dabei passiert folgendes automatisch:

Ihr Gehirn filtert scheinbar unwichtige Informationen. Zum Beispiel lässt es in der bewussten Wahrnehmung, Dinge wie Hintergrund-geräusche, die Farbe der Wand oder die Temperatur am kleinen Zeh weg.

Sie verallgemeinert die Situation, wie zum Beispiel "Alle Männer in Chefpositionen verhalten sich so!"

Sie verändert bei der Aufnahme der Informationen die Information an sich. Möglicherweise war der Kopf des Chefs nicht wirklich rot, sie hatte es lediglich passend zum Geschrei dazu interpretiert und als Tatsache wahrgenommen. (Das hier Beschriebene Vorgehen ist beispielhaft.)

Nachdem ihr Gehirn die Information gefiltert hat, bewertet sie diese aufgrund von Erfahrungen, Glaubenssätzen, ihrem Weltbild, ihren Regeln und ihren Werten. Das kann beispielsweise so aussehen:

Nach der Bewertung entsteht eine Folgerung von inneren Strategien und Programmen, die automatisch ablaufen. Wenn die Assistentin zum Beispiel schon als Kind gute Erfahrungen damit gemacht hat, wegzurennen, folgert sie instinktiv: "Ich sollten vor diesem Menschen wegrennen!"

Nachdem das Gehirn blitzschnell all diese Stufen durchlaufen hat, entsteht im Kopf eine Interpretation und daraus wiederum ein Gefühl. Das kann im folgenden Szenario eben so aussehen: "Mein Chef schreit mich an, deshalb fühle ich mich schrecklich!" Die Folge daraus: Ich renne weg und stelle mich dem Konflikt nicht.

Wenn es ganz doof für die Assistentin läuft, hat sich während dieses Prozesses eine kleine Stimme namens Unsicherheit in ihr zu Wort gemeldet: Hat er vielleicht Recht? Muss man mich vielleicht anschreien, weil ich etwas Blödes gemacht habe? Um das zu verhindern, ist es elementar, dass wir nicht nur äußeres sondern auch inneres Selbstbewusstsein aufbauen.

Selbstbewusstsein bedeutet NICHT sie werden MICH MÖGEN

Selbstbewusstsein bedeutet MIR geht's gut, auch wenn sie mich nicht MÖGEN!

Was wir von anderen Menschen über uns lernen können:

#selbstbewusstseinsspiker

Wir schleppen den ganzen Ballast unseres Lebens mit uns herum, dabei bewerten und vergleichen wir alles ständig mit bereits gemachten Erfahrungen.

Ist es dir auch schon einmal so ergangen, dass du einen Menschen kennengelernt hast und du hattest bei diesem völlig Fremden ein negatives Gefühl?

Mir erging es so in einem meiner ersten Coaching-Seminare. Da saß die Seminarleiterin und ich konnte sie einfach nicht leiden. Schlimmer noch, ich hegte so einen richtig tiefen Groll gegen sie. Und den konnte ich mir nicht erklären. Ganz im Gegenteil, ich war davon überzeugt, dass die Dame eigentlich eine ganz liebe war, aber in mir war einfach ein riesen Klumpen negativer Energie ihr gegenüber. Da ich mich mit dieser Frau im Laufe des Seminars sehr gut angefreundet hatte, erfuhr ich, dass sie diese Ablehnung von mir ziemlich deutlich gespürt hatte.

Auch ich kenne dieses Gefühl und du sicherlich auch. Du lernst einen neuen Menschen kennen und merkst:

Früher habe ich mich immer gefragt, was ich denn falsch gemacht habe und raunte mir selbst in Gedanken die aufbauenden Worte zu:

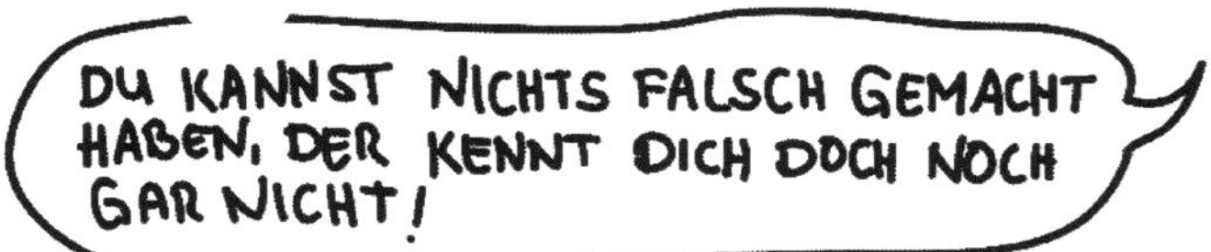

Das hilft in dem Moment. Mit einer ordentlichen Portion Selbstbewusstsein brauchst du allerdings keine aufbauenden Worte mehr, da du dir die Frage gar nicht mehr stellen musst, ob dich jemand nicht ausstehen kann.

Die negativen Bewertungen und die Kritiken anderer sind die Päckchen, die SIE mitgebracht haben, nicht du! Es sind nicht deine Päckchen! Ihre Meinung zu ändern und sie dazu zu bringen, dass sie dich mögen, würde bedeuten, dass du ihnen ihre Päckchen abnimmst oder wegnimmst.

In der Situation mit meiner Seminarleiterin war mein Päckchen ein Mädchen aus meinem alten Musicalverein, das gerne Schwächere gemobbt und fertig gemacht hat. Mit diesem Päckchen auf dem Rücken hatte ich den Seminarraum betreten und die Ähnlichkeit der Trainerin daraufhin mein Päckchen aktiviert. MEIN Päckchen, nicht ihres!

Mache dir immer wieder bewusst, wenn du auf Ablehnung stößt oder ungerechtfertigte und nicht nachvollziehbare Kritik erfährst, dass dein Gegenüber vielleicht gerade eines seiner Päckchen hervorgeholt hat. Und sei dir bewusst: Genauso wenig, wie du das Päckchen dieses Menschen abnehmen kannst, kann er dir deines abnehmen.

Wenn du also in Zukunft merken solltest, dass dich jemand Fremdes ablehnt oder dich nicht so behandelt wie alle anderen, zerbrich dir nicht den Kopf und tappe nicht in die Interpretationsfalle. Die negativen Gefühle sind bei deinem Gegenüber und dort dürfen sie auch gerne bleiben, denn es ist nicht deine Aufgabe, sie anzunehmen.

Umgekehrt läuft das nicht anders: Du begegnest einem Fremden und aus unerklärlichen Gründen bist du ihm gegenüber erstmal negativ eingestellt. Obwohl du es nicht nach außen zeigen willst, wird er deine negative Haltung trotzdem bemerken. Es liegt nun bei ihm, was er damit anfängt.

Es ist extrem wertvoll, sich dieser Prozesse bewusst zu sein, denn dieses Wissen versetzt dich in die Lage, die spontanen Reaktionen zu hinterfragen. Du hast die Wahl: Nimmst du eine negative Haltung dir gegenüber persönlich oder machst du dir bewusst, dass dahinter persönliche Erfahrungen stecken könnten, die mit dir rein gar nichts zu tun haben? Sollte letzteres der Fall sein, hast du noch viele Möglichkeiten, das Blatt zu wenden und eine positive Beziehung aufzubauen.

Falls du speziell mit solchen Ablehnungen Probleme haben solltest, gibt es einen ganz wundervollen kleinen Trick. Sage dir in einer solchen Situation laut in deinem Kopf:

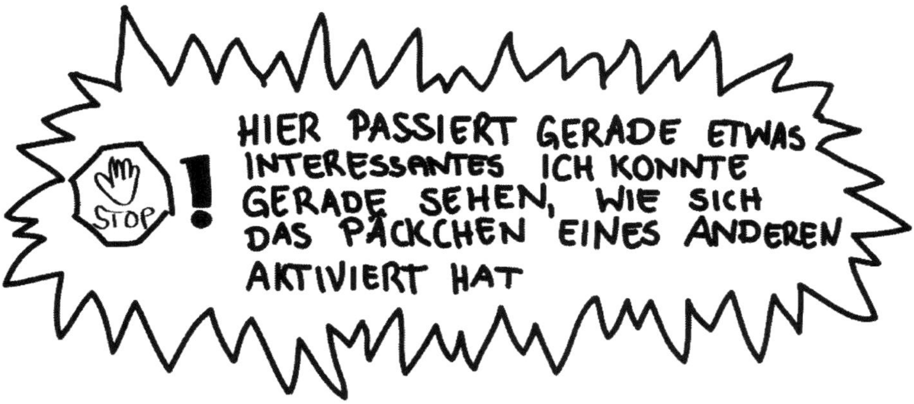

Einen solchen Satz laut im Kopf zu sagen, hilft dir dabei, negative gedankliche Automatismen zu durchbrechen. Es unterbindet pessimistische Denkprozesse und lenkt sie gezielt in eine andere Richtung, bevor die negativen Gefühle entstehen und du wieder das Gefühl hast, dass da jemand gerade an deinem Selbstbewusstsein rüttelt.

Nachdem du diesen Satz verinnerlicht hast, ist es ganz spannend, deinem inneren Veränderungsprozess zuzusehen, denn dein Gehirn ist ein Fuchs und lernt ziemlich schnell dazu. Trau dich und versuch es einmal. Ich weiß aus eigener Erfahrung, dass sich solche Tricks am Anfang immer ganz merkwürdig steif und fremd anfühlen. Doch schon nach ein paar Malen merkst du eine positive Veränderung bei dir und schon bald kannst du den Sinn dieses Satzes in deinen eigenen Worten wiedergeben. Dann hört er sich für dich auch nicht mehr so fremd an. Ganz toll ist der Moment, in dem du merkst, dass dein Gehirn gar nicht mehr in Versuchung gerät, den Interpretations-Dampfer zu aktivieren. Dann hast du nämlich Zeit, deinem Gegenüber beim Denken und Fühlen zuzusehen. Manchmal sind die inneren Dialoge auch nach außen sehr gut zu erkennen.

Warum es gut ist, dass wir alle diese Päckchen haben!

#gutefragenächstefrage

Wenn wir uns die Macht dieser Päckchen bewusst machen, entsteht bei vielen der innere Wunsch, sie einfach bei allen Menschen verschwinden zu lassen, damit die Wahrscheinlichkeit der Ablehnung kleiner wird. Doch diese Päckchen sind nichts anderes als verknüpfte Erinnerungen und Erfahrungen, entweder durch Erlebtes, Weitergegebenes oder Erlerntes. Wenn du nachts allein im Dunkeln noch unterwegs bist und ein Mann taucht plötzlich auf und läuft dir hinterher, dann ist es sinnvoll, dass dich dein Päckchen auf deinem Rücken in Alarmbereitschaft versetzt.

Klar, es kann auch sein, dass der Mann super nett ist, keine bösen Absichten hat und wir ihm mit unserer Alarmbereitschaft Unrecht tun. Dennoch wirst du mir sicherlich zustimmen, dass eines dieser Päckchen uns lieber einmal zu viel in Sicherheit bringt, als einmal zu wenig. Dieses Verhalten und der bei uns innerlich ablaufende Prozess besteht schon seit Urzeiten und hat schlicht unser Überleben gesichert. Stand ein Säbelzahntiger vor uns, konnten wir schlecht fragen "Entschuldigung, wollen Sie mir Böses?"

Unser Päckchen brüllte damals "LAUF!", und das war auch gut so! Die Päckchen, die uns kritisch und misstrauisch sein lassen, haben also durchaus ihre Daseinsberechtigung. Lass nur nicht zu, dass sie dich im falschen Moment hemmen und zu negativen Glaubenssätzen führen.

Wenn dich jemand zu Unrecht kritisiert, schlechter behandelt als andere oder einfach nicht mag, dann ist es sein Päckchen, das ihn so reagieren lässt und ihm im Grunde genommen nur etwas Gutes tun will. Und oftmals sind wir uns über unsere eigenen Päckchen völlig im Unklaren. Das gilt auch für dein Gegenüber, der möglicherweise gar nicht bemerkt, dass es dich anders behandelt. Und möglicherweise waren die Säbelzahntiger ja auch Veganer?

Lust zu lernen?

1. *Was passiert in deinem Inneren, wenn du merkst, dass dich jemand nicht mag?*

2. *Befürchtest du, dass ein Fünkchen Wahrheit in der Ablehnung stecken könnte? Wenn ja, welche negativen Konsequenzen hätte das für dich?*

3. *Hoffst du insgeheim, dass dich jeder Mensch gernhat?*

4. *Ist dir bei dir selbst schon das eine oder andere Päckchen aufgefallen?*

5. *Wenn dir in Zukunft auffallen sollte, dass bei dir wieder ein Päckchen aktiviert wird, hinterfrage deine Gefühle, Gedanken und Handlungen. Woher kommen sie eigentlich?*

6. *Wenn du bei dir ein Päckchen gefunden hast, das nicht dir gehört, dann darfst du es gerne wegschicken!*

let's coach!

Die Sache mit den verschiedenen Persönlichkeitstypen

#ichbinnichtalleinekomisch

Machst du dir öfter Gedanken oder bist unsicher, weil du das Gefühl hast, dass du anders als die anderen bist? Hast du immer die Stimme deiner Mitmenschen im Ohr, dass du endlich erwachsen werden und dich für eine Sache entscheiden musst? Dass du einfach zu sensibel bist für diese Welt? Denkst du, du müsstest nur endlich richtig funktionieren, dann ergäbe sich alles andere? Allerdings bist du dir eigentlich gar nicht so sicher, OB du so funktionieren willst wie alle anderen?

Dann besteht die Möglichkeit, dass du zu einer der folgenden drei Menschengruppen gehörst.

An erster Stelle spielt es erst einmal keine Rolle, welchem der drei Typen du angehörst, sondern nur, dass du einen Unterschied zwischen dir und der Mehrheit der Menschen in deinem Umfeld bemerkt hast. Im schlimmsten Fall hast du deine Eigenschaften, die deine Persönlichkeit ausmachen, negativ bewertet und anderen Menschen, die der Meinung sind mit dir stimmte etwas nicht, Glauben geschenkt. Warum glaubst du anderen mehr als dir und deinem Bauchgefühl? Du hättest deine Andersartigkeit auch als Geschenk empfinden und besonders stolz darauf sein können. Quasi mit geschwellter Brust demonstrieren können, wie toll und besonders es ist, kein "0815-Mensch" zu sein. Warum kannst du das nicht? Warum lässt du dich von anderen so stark beeinflussen?

Du ahnst es womöglich schon, da ist die Sache mit dem Selbstbewusstsein - höchstwahrscheinlich der Grund, warum du dieses Buch in den Händen hältst.

Der erste Schritt, damit du dir deiner selbst bewusstwirst und zu akzeptieren beginnst, was für ein wunderbares Wesen du bist, ist das Verstehen. Wer bist du und was macht dich einzigartig und besonders?

Möglicherweise wirst du es schneller erfahren als dir lieb ist, denn wir schauen uns im Folgenden drei Menschentypen an, die es meist extrem schwer in unserer Gesellschaft haben, sich selbst zu erkennen und anzuerkennen. Wollen wir mal sehen, ob du dich wiedererkennst.

Der Scanner

Bist du neugierig, aufgeweckt und begeisterst du dich schnell für neue Themen. Würdest du dich am liebsten mit allen Dingen gleichzeitig beschäftigen und hast Probleme, dich auf eine Sache zu konzentrieren. Liebst du es, neue Projekte zu starten, Pläne zu schmieden, Konzepte zu entwerfen und Prozesse zu entwickeln. Kannst du nicht genug davon bekommen, neue Dinge zu lernen, beginnst dich jedoch zu langweilen, sobald du das Gefühl hast, die Thematik verstanden zu haben? Findest du es schrecklich, etwas immer wieder zu machen?

Kommst du jetzt grade aus dem Nicken nicht mehr heraus? Dann darf ich dir gratulieren, denn in dir wohnt eine Multiheldenseele. Oder wie sie auch gerne noch genannt werden: Scannerpersönlichkeiten, Multipotentialites, Vielbegabte, Tausendsassa oder Rennasaince Kinder.

Die meisten Scanner Persönlichkeiten sind sehr emotionale, kreative und sensible Menschen. Intuitiv fühlen sie sich häufig unwohl mit der technisch klingenden Bezeichnung Scanner und wollen sich damit nicht identifizieren... Um hier entgegenzuwirken, haben wir mit einer Gruppe von Scanner Persönlichkeiten den Begriff "Multiheld" ins Leben gerufen.

Multihelden funktionieren genetisch bedingt etwas anders als die Mehrheit der Menschen. Sie sind Großdenker, die in der Lage sind, vernetzte und globale Zusammenhänge herzustellen. Ihnen gelingt es kinderleicht Synergien zu erkennen und Dinge zusammenzuführen. Die Kehrseite dieses Denkmusters ist die Abneigung gegenüber Arbeiten, die von prozeduraler Natur sind. Zu viele Details und immer wieder dieselben Aufgaben und Prozesse in immer der gleichen Reihenfolge langweilen einen Multihelden schnell, sodass er sich unterfordert fühlt. Dies geschieht, weil er das Gefühl hat, bei solchen Aufgaben nicht mitdenken und bei einem bestehenden Prozess nichts mehr dazulernen zu können.

Und hier kommen wir zu der Lieblingsaufgabe eines Multihelden: Lernen. Multihelden sind sehr wissbegierig, können sich für viele unterschiedliche Themen begeistern und lieben es zu lernen. Unglücklicherweise leiden sie häufig unter der Fülle ihrer Interessen, da ihnen nie jemand das Wissen und die dazugehörigen Werkzeuge zuteilwerden hat lassen, welche sie dringend brauchen, um mit ihrer Natur umgehen zu können und um ihr Potenzial zu entfesseln.

Im Normalfall gehen wir in die Schule, entscheiden uns für ein Studium oder eine Ausbildung und gehen anschließend oft für die nächsten Jahre zur gleichen Arbeitsstelle oder üben zumindest ähnlichen Tätigkeiten aus. Der Scanner bekommt schon allein bei der Vorstellung, einen Job bis zur Rente machen zu müssen, Panik. Wenn es nach ihm und seiner Natur geht, wäre er am liebsten: Schriftsteller, Lehrer, Unternehmer, Schauspieler, Yogalehrer, Weltreisender, Elektroniker, Musiker und Maler - entweder alles gleichzeitig oder eben nacheinander. Diese Vielfältigkeit zeichnet einen Multihelden aus und macht ihn besonders, jedoch ist sie Fluch und Segen zugleich.

Warum ist das so?

Viele Menschen verstehen Multihelden, ihre Denk- und Handlungsmuster nicht. Sie merken nur, dass sie anders als andere sind und gehen oft davon aus, dass mit ihnen etwas nicht stimmen kann, weil sie häufig gelangweilt oder gehetzt von Thema zu Thema springen und sich augenscheinlich nicht festlegen können.

In unserer Gesellschaft werden Experten in jeglichen Bereichen gesucht und gefördert. Diese auf einem Gebiet spezialisierten Menschen genießen ein hohes Ansehen. Aber der Multiheld ist quasi das genaue Gegenteil, er ist eine vielbegabte Persönlichkeit, die sich in vielen Gebieten Zuhause fühlt. Die Misere besteht darin, dass unsere Gesellschaft aktuell kaum bis gar kein Verständnis und Platz für vielbegabte Menschen und ihr deswegen unentdecktes Potenzial hat. Sie werden oftmals einfach missverstanden, als faul oder träumerisch eingestuft, als rastlose Zeitgenossen, die sich im Leben einfach nicht festlegen wollen.

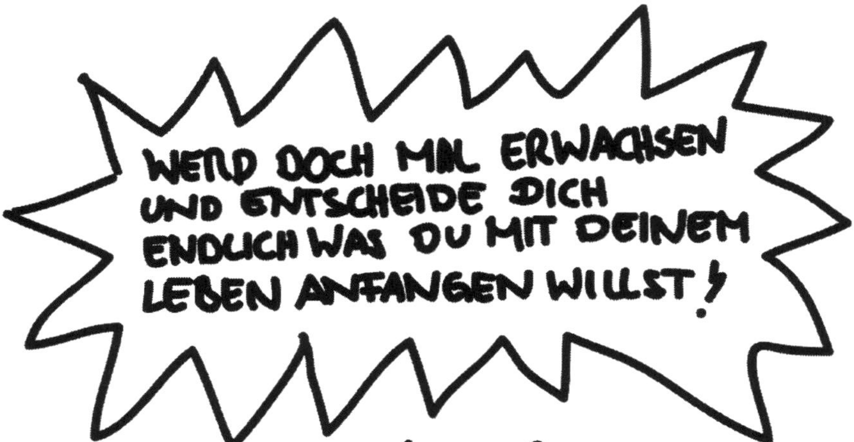

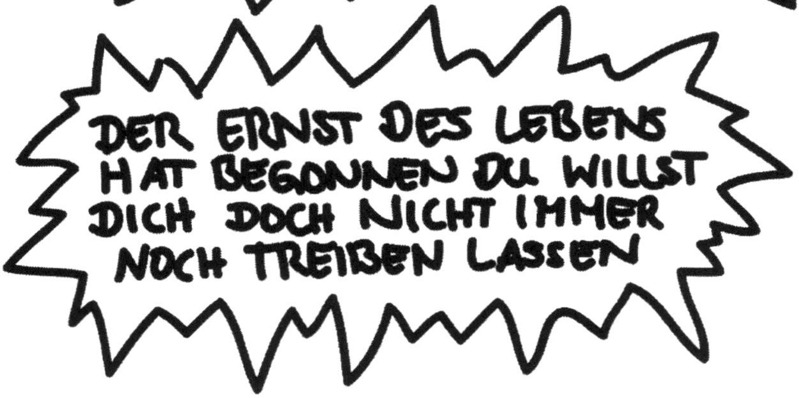

Solche oder ähnliche Aussagen bekommt ein Multiheld häufiger zu hören. Unter anderem deshalb verspürt er häufig den Wunsch, einfach so zu sein wie "alle anderen". Einen einzigen Job oder ein spezifisches Studium interessant zu finden und darin völlig aufzugehen und als Experte auf diesem einen Gebiet hervorzugehen - nur um endlich Ruhe zu finden.

Geht es dir genauso? Hast auch du manchmal den Wunsch oder gar das Verlangen danach, dass dein Gehirn und dein Herz sich endlich entscheiden und du die eine Berufung findest, sodass du zur Ruhe kommen kannst?

Falls du diesen Scheinwunsch verspürst und genau weißt, wovon ich rede, dann wird es nun Zeit, ihn gehen zu lassen. Denn sei mal ganz ehrlich? Du wolltest dieses Leben doch nur, weil es so viel Frieden versprach und dir alle anderen erzählen wollten, dass es genau so aussehen muss, oder?
Diesen Scheinwunsch in sich zu spüren ist ganz normal, denn wir erkennen in uns einen Konflikt, der durch die Erfüllung unseres Scheinwunsches aufgelöst werden könnte. Es wäre die Lösung: Reiß dich zusammen, sei einfach normal und du wirst dein Glück finden.

Aber mal Hand aufs Herz, wäre ein solches Leben nicht langweilig? Du hast die Persönlichkeit eines Multihelden - das heißt konkret: Herzlichen Glückwunsch, du bist für ein besonderes Leben bestimmt. Ein außergewöhnliches Leben.
Und gleichzeitig: Mein Beileid, denn du wirst niemals in der Lage sein, ein Einfaches, normales, langweiliges Standardleben zu leben. Und es kommt noch schlimmer: Du zahlst einen Preis, denn es ist nicht leicht ein außergewöhnliches Leben zu leben. Außergewöhnlich zu sein bedeutet Anstrengung, Mut und braucht eine fundamentale Zutat: Selbstbewusstsein.

Du hast den ersten wichtigen Schritt gemacht und ein sehr wichtiges Puzzleteilchen von dir gefunden, dass dir erklärt, warum du so bist wie du bist und wie du genau tickst. Aber vor allem weißt du nun eins: Es ist verdammt nochmal total in Ordnung, du zu sein!

Der zweite Schritt ist, jemand anderem zu erzählen, dass du ein Multiheld bist und das du deshalb so bist wie du bist. Denn in dem Wort MultiHELD steckt das Wort Held.

Warum?

Die meisten Multihelden haben sich für sich selbst und ihr Wesen lange Zeit geschämt, waren wütend, enttäuscht, verwirrt oder alles zusammen. Zu Beginn ist es sehr schwierig aus einem sehr wenig Selbstbewussten Ich zu verkünden: "Ich bin ein Held, weißt du und deshalb bin ich etwas anders!" Und genau darin besteht auch die erste Übung: Fange an, zu dir zu stehen, sei mutig und gebe das zu, was alle anderen eh schon die ganze Zeit gespürt haben: Du bist etwas Besonderes!

Lust zu lernen?

1. *Erzähle mindestens drei Menschen, dass du ein Multiheld bist und wie Multihelden genau funktionieren.*

2. *Beobachte dabei jedes Mal genau, was in dir vorgeht! (Bist du beispielsweise nervös, ist es dir peinlich, hast du Angst?)*

3. *Schreibe bei jedem Mal deine innere Gefühlswelt und dein Erleben nach jedem Outing auf.*

4. *Vergleiche deine drei Beschreibungen, hat sich schon etwas in deiner Selbstwahrnehmung getan?*

let's coach!

Hochsensible Menschen

Wird dir manchmal alles zu viel? Hast du das Gefühl du bist wie ein Gefühls-Chamäleon? Wenn jemand mit guter Laune im Raum ist, steckt er dich an und sobald einer schlechte Laune hat, wirst du traurig - als würdest du den Gefühlsnebel des anderen ungefragt einfach in dir aufnehmen. Hast du manchmal das Gefühl, du bist von zu vielen Sinneseindrücken schier überwältigt? Hat man dir schon oft gesagt, dass du zu sensibel bist?

"Du bist zu sensibel! Stell dich nicht so an!" Diese Worte begleiten mich seit meiner Kindheit und lange Zeit war es jedes einzelne Mal für mich der Beweis, dass mit mir etwas nicht stimmen kann, da ich offenkundig etwas fühle, das nicht normal sein kann.

Geht es dir ähnlich? Dann bist du vielleicht auch ein hochsensibler Mensch. Genau wie Multihelden, spüren auch hochsensible Menschen schnell, dass sie anders sind als andere Menschen. Beide Gruppen bekommen oftmals signalisiert, etwas stimme nicht mit ihnen. Sag mir, wie soll da bitte ein gesundes Selbstbewusstsein entstehen?

Falls du ein hochsensibler Mensch sein solltest, dann bist auch du etwas ganz Besonderes. Ich weiß, erst einmal fühlt es sich vielleicht nicht so an, aber auch du hast eine außergewöhnliche Fähigkeit, denn du nimmst über deine unterschiedlichen Sinne mehr auf als viele andere Menschen. Du nimmst deine Gegenwart intensiver und feinfühliger wahr, weshalb auch dein Leben und deine Erinnerungen intensiver sind.

Oftmals sind ein oder zwei Sinneskanäle besonders empfindlich. Womöglich sind es die Augen, die von hellem Sonnenlicht total überfordert sind, sodass du im Sommer nie ohne Sonnenbrille aus dem Haus gehen kannst. Oder kommst du im Supermarkt nicht klar, wenn du vor einem überfüllten Regal stehst, weil gleichzeitig zu viele Farben und Formen auf dich einprasseln? Meine Lieblingsmarke im Supermarkt ist Ja! von REWE. Nicht wegen der guten Qualität, sondern weil mich das schlichte Design nicht erschlägt und ich es unter 1.000 Marken als einziges immer sofort erkenne und keine Stunden suchen brauche.

Möglicherweise sind es aber auch deine Ohren, die dich zur Überforderung treiben. Ein Geräusch, das für andere völlig normal ist und kaum wahrgenommen wird, reißt dich schon aus deiner Konzentration. Fühlt es sich für dich wie eine Qual an, die falsche Musik zur falschen Stimmung zu hören?

Oder sind es vielleicht die Emotionen der anderen, für die du besonders feinfühlig bist. Gehst du in einen leeren Raum hinein und hältst die Luft an, weil dich die Energie der anderen dich nach Luft schnappen lässt?

Das hört sich schon alles sehr nach Superkraft an, oder? Aber weißt du, was das Gute ist? Mit dir ist alles in Ordnung! Du musst dich nur ab und an mehr schützen und abgrenzen, weil sonst zu viel auf dich einprasselt und es dir schnell zu viel wird. Auch das ist okay. Du hast gerade eine wichtige Information über dich erhalten, ein Puzzleteilchen wie du wirklich funktioniert.

Das muss kein anderer außer dir verstehen, und wenn du das nächste Mal schief angesehen wirst, weil du etwas machst, dass keiner versteht, dann tue es mit Stolz. Denn es ist der Beweis, dass du etwas Besonderes bist. Wenn du dich akzeptieren kannst, wenn du verstehst, wie du funktionierst, dann kannst du irgendwann dein Leben als feinfühliger Mensch, der sehr viel wahrnimmt, genießen. Du bist außergewöhnlich und hast ein außergewöhnliches Leben. Vergiss das nie!

Der Multiheld

Kommen wir zur dritten Gruppe, den hochsensiblen Scanner Persönlichkeiten. Oder kurz gesagt: Den Multihelden. Die entweder die doppelte A-Karte gezogen haben oder den doppelten Jackpot. Alles eine Frage der Perspektive! Du entscheidest, von welcher Warte aus du das Ganze in Zukunft betrachten möchtest. Vielleicht hast du schon erkannt, es kommt nicht darauf an mit welchen Talenten, Fähigkeiten oder Behinderungen du auf die Welt gekommen bist. Nein, es geht darum, dich selbst zu kennen und zu wissen, wie du über dich und deine Talente denkst und wie du mit ihnen umgehst.

Multihelden haben zwei Seelen in ihrer Brust, die in unterschiedliche Richtung unterwegs sind. Oftmals fühlt es sich so an als würde man innerlich zerreißen. Als würde permanent ein Fuß auf dem Gas stehen und der andere auf der Bremse.

Es ist als wären beide Seiten eines Magnetes in unserer Brust. Sie gehören beide dazu, aber sie stoßen sich dauerhaft immer wieder ab.

Während die hochsensible Seite es gern etwas langsamer und ruhiger hat, erst nachdenkt bevor sie handelt, und eine begrenzte Aufnahmefähigkeit hat, bevorzugt es die Scanner Seite gerne schnell, spontan und impulsiv. Sie ist wissensdurstig, neugierig und kann gar nicht genug aufsaugen.

Die hochsensible Seite hat schnell das Gefühl der Reizüberflutung, erschöpft leicht und sucht deshalb nach Sicherheit und Stabilität. Die Scanner Seite hingegen hat Lust auf viele neue Eindrücke, sprudelt über vor Energie und hat am liebsten viele Veränderungen und Abenteuer in ihrem Leben.

Ist man unter Menschen, wird einem schnell alles zu viel und man will seine Ruhe haben und wünscht sich allein zu sein.

Ist man hingegen zu Hause ganz allein, vermisst man den Trubel und den Austausch mit anderen und fühlt sich prompt einsam.

"Ja was denn nun? Alleine unter Leuten, was willst du denn?!"

Wie schwierig muss es sein Selbstbewusstsein aufzubauen, wenn einem zum einen die Außenwelt suggeriert, dass man anders ist als andere und nicht richtig funktioniert, und man zum anderen innerliche Zerrissenheit spürt und keinen Durchblick hat. Was braucht dieser Multiheld denn nun? Abwechslung oder Beständigkeit?

Die Antwort auf diese Frage lautet: "Beides!!"

Denn eine Scanner Seite verlangt Abwechslung, den Austausch mit anderen Menschen und neuen Input, wobei die hochsensible Seite Ruhe, das Alleinsein und eine beständige Umgebung braucht. Die Kunst ist, sich selbst und seine Bedürfnisse zu erkennen. Denn, damit du endlich mal den erlösenden inneren Frieden und die innere Zufriedenheit fühlen kannst, ist die perfekte Mischung nötig!

Lust zu lernen?

1. *Beobachte dich in deinem Alltag, wann brauchst du Trubel? Wann willst du alleine sein und brauchst Ruhe?*

2. *Wie lange genießt du den Trubel, bis du dich nach Ruhe sehnst?*

3. *Wie lange kannst du die Ruhe genießen, bis du den Trubel wieder brauchst?*

4. *Erstelle eine Art Phasenplan. Mit den Erkenntnissen von Punkt 2 und 3 erstellst du die Phasen von Ruhe und von Trubel.*

5. *Versuche deinen Phasenplan in dein Leben zu integrieren*

6. *Beobachte dich und dein Innenleben, optimiere deinen Phasenplan nach deinen gewonnenen Erkenntnissen und gestalte deine Tage dementsprechend.*

let's coach!

Der Vergleich ist der Tod des Selbstbewusstseins

#habmichumgesehenbindergeilstehier

Nach jahrelangen Coaching Stunden, Persönlichkeitsentwicklungsseminaren, Büchern und einem Leben, dass ich um 180° gewandelt habe, damit ich meine Multihelden Persönlichkeit nicht länger unterdrücken muss und ich wirklich wirklich dachte ich wäre schon auf dem richtigen Weg, habe ich eine sehr erschreckende Entdeckung gemacht. Ich trug noch ein Überbleibsel aus meiner Kindheit mit mir rum.

Ein Überbleibsel, das mich ständig sabotierte, das mich zurückhielt, in meine Kraft zu kommen und das mich weiterhin an eine Kette hielt. Es war der Glaubenssatz:

Da hatte ich mich endlich lieben gelernt und glaubte von ganzem Herzen, dass ich nicht okay so bin, wie ich bin. Wie passte das zusammen? Vor allem, weil ich sehr viel Arbeit in Glaubenssatzarbeit steckte.

Da ich zu diesem Zeitpunkt mit meiner Arbeit mit Selbstcoaching Übungen zu arbeiten schon begonnen hatte, war ich wild entschlossen, diesen Glaubenssatz alleine auflösen zu können.

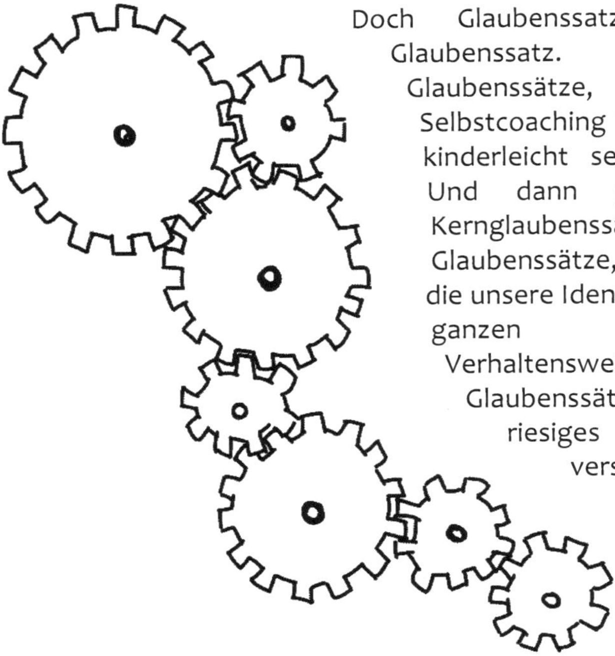

Doch Glaubenssatz ist nicht gleich Glaubenssatz. Es gibt normale Glaubenssätze, die wir mit Selbstcoaching Übungen oder Mantren kinderleicht selbst auflösen können. Und dann gibt es sogenannte Kernglaubenssätze. Das sind Glaubenssätze, die viel tiefer gehen, die unsere Identität stützen und um die ganzen Konstrukte an Verhaltensweisen und weitere Glaubenssätze gebunden sind. Ein riesiges Konstrukt aus verschiedenen Zahnrädern, die alle ineinandergreifen und dafür sorgen, dass das System weiterarbeitet. Kein Wunder also, dass man nicht so einfach eins der riesigen Zahnränder durch ein neues ersetzen kann.

Und ich durfte noch etwas lernen, wenn ich einen dieser Kernglaubenssätze auflöste, dann war er nicht wirklich weg. Er schaffte es lediglich sich zu verstecken. Er hatte gelernt, dass ich gewisse Verhaltensweisen diesem einen Glaubenssatz zuordnete und das Ergebnis war, die enttarnten Verhaltensweisen verschwanden, der Glaubenssatz blieb. Versteckte sich und trat an anderer Stelle zu Tage. Erkenntnis des Tages: Unser Gehirn ist wahnsinnig intelligent und gerissen dabei uns vor tiefergehenden Veränderungen zu schützen, um die Sicherheit und die Kontrolle zu gewährleisten.

Schon ironisch wie viel Zeit ich selber mit diesem Glaubenssatz beschäftigte und dass ein befreundeter Coach in innerhalb einer Stunde auflöste. Das Gefühl in diesem Moment, war eine Mischung aus tiefer Erleichterung und einem unglaublichen Glücksrausch. Fast hat es sich gelohnt, all die Jahre mit diesem Päckchen durch die Gegend gelaufen zu sein.

Doch warum erzähle ich dir diese Geschichte soo ausschweifend? Ich habe noch eine weitere erschreckende Entdeckung gemacht. 90% der Multihelden, die in meine Coaching Sessions kommen tragen ebenfalls diesen Glaubenssatz in sich.

Wie kann es sein, dass solch talentierte und begabte Menschen alle mit so einem Glaubenssatz, teilweise 50 Jahre durch ihr Leben gelaufen sind. Intelligente Menschen!

Wo kommt dieser Glaubenssatz her? Und haben nur wir Multihelden zu 90% diesen Glaubenssatz, oder haben 90% der Menschen in Deutschland diesen Glaubenssatz?

Ich glaube die Antwort darauf finden wir in unserer Kindheit und damit können wir auch einen weiteren Selbstbewusstseins Killer aufdecken: Dem Vergleich! Im Kindergarten, in der Krabbelgruppe, in der Schule überall wurden wir mit anderen Kindern verglichen. Und da es leider keine Klasse voller Multihelden gab, wurde eines deutlich, wir waren ein bisschen anders als andere Kinder. Vielleicht zu sensibel, oder zu Sprunghaft in unseren Interessen, oder träumten einfach zu viel. Vielleicht langweilten wir uns auch in der Schule, weil es nicht schnell genug ging oder die Art des Unterrichtens nicht die unsere war. Egal woran es lag, wir entsprachen nicht der Norm und der Vorstellung der anderen, wie ein Kind zu sein hat.

Doch nun haben wir den Kindergarten schon weit hinter uns gelassen, warum können wir das nicht mit dem Glaubenssatz ebenso tun? Das dauerhafte Vergleichen hat nicht aufgehört. Im Gegenteil, wir selber sind sehr häufig diejenigen, die sich mit anderen Vergleichen. Doch in dem wir uns weiterhin mit anderen Vergleichen befeuern wir diesen Glaubenssatz immer weiter. Zudem haben wir die Päckchen und die Erwartungen der anderen auf uns häufig noch nicht abgelegt. Denke daran, du bestimmst selber, ob es okay ist so zu sein wie du bist und ob deine Eigenschaften Eigenheiten oder Talente sind.

Ist die Lösung einfach die, dass wir zukünftig aufhören uns mit anderen zu vergleichen?

Nun haben wir eine Pat Situation, denn unser Gehirn liebt es zu vergleichen. Das gibt uns Sicherheit und erlaubt es uns unsere aktuelle

Situation besser einzuschätzen. Bin ich gut in der Schule? Verhalte ich mich wie ein braves Mädchen? Sehe ich gut aus?
Setzt du bei Gehaltsverhandlungen das höhere Gehalt an? Woher weißt du, dass es angemessen ist? Wenn alle im Raum viel mehr verdienen als du. Dann gibt dir der Vergleich ein beruhigendes Gefühl, du fühlst dich im Recht und fühlst dich somit Sicher. Arbeitest du am schlechtesten von allen Kollegen und bekommst zudem noch mehr Geld als alle, dann ergibt der Vergleich, dass es nicht angemessen ist, mehr Geld zu verlangen. Der Vergleich bewahrt dich also davor eine Abfuhr vom Chef zu kassieren.

Du siehst, die Münze hat zwei Seiten. Ein Vergleich kann auch etwas Positives sein. Doch wenn der Vergleich an sich nicht so schlecht ist, er uns aber im Vergleich mit anderen Menschen Selbstbewusstsein raubt, wie kann ich und mein Gehirn sich dann vergleichen? Vielleicht ahnst du schon die Antwort. Mit dir!

"Vergleiche dich nur mit einem Ich von gestern!"

Diese Verhaltensweise hat nicht nur den Vorteil, dass sie dir erlaubst, dich mit jemandem zu vergleichen und du somit an Sicherheit gewinnst, sondern lässt deinen eigenen Aufmerksamkeits-Fokus nur auf dein persönliches Wachstum richten.

Ein Vergleich lässt dich Abhängig werden vom Ergebnis deiner Analyse. Bist du ein durchschnittlich hübscher Mensch, siehst du in einem Raum voller Models hässlich aus. In einem Raum voller unhübscher Menschen siehst du vielleicht selber aus wie ein Model. Bist du nun hässlich oder hübsch?

Wenn du dich frei machst vom Vergleich mit anderen Menschen, dann löst du dich gleichzeitig von der Abhängigkeit des Ergebnisses.

vergleiche **DICH** nur mit **DEINEM ICH** von gestern.

Warum wir uns unser Selbstbewusstsein unterbewusst selber klauen:

#undwegisses

Oder Warum wir uns immer wieder selbst betrügen und denken, das wäre völlig normal - Der eigentliche Grund, warum wir uns vor unseren Fehlern ängstigen.

Wir schleppen den ganzen Ballast unseres Lebens mit uns herum, dabei bewerten und vergleichen wir alles ständig mit bereits gemachten Erfahrungen.

Warum wir uns unser Selbstbewusstsein unterbewusst selber klauen: Oder Warum wir uns immer wieder selbst betrügen und denken, das wäre völlig normal - Der eigentliche Grund, warum wir uns vor unseren Fehlern ängstigen.

Mein Trainer fragte mich einst: "Was passiert in dir, wenn du deinen Autoschlüssel verloren hast, du aber zu einem wichtigen Meeting musst? Sei ehrlich!" Und ich war ehrlich!

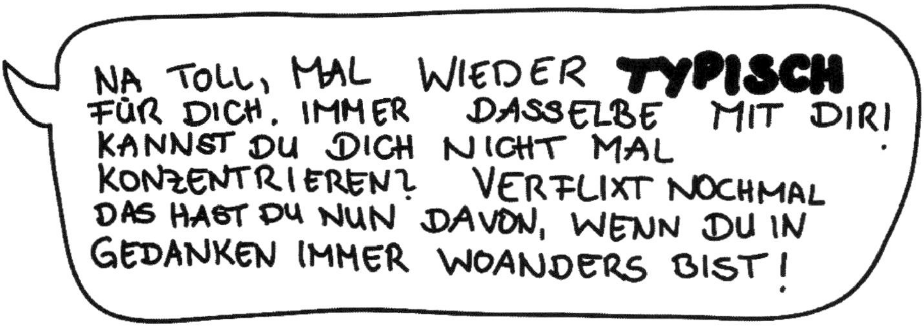

So oder so ähnlich hatte ich ihm damals geantwortet. Daraufhin hatte er gefragt: "Wie hättest du reagiert, wenn das deiner besten Freundin passiert wäre?" Ich ahnte, worauf er hinaus möchte und antwortete: "Ich würde sie vermutlich beruhigen, ihr sagen, dass wir den Schlüssel schon irgendwo finden, er kann ja nicht verschwunden sein und dass dies jedem von uns schon mal passieren würde." Er nickte daraufhin kurz, sagte dazu aber erst einmal nichts. "Und wie hättest du reagiert, wenn es deiner schlimmsten Kollegin passiert wäre und ihr auf dem Weg zu einem sehr wichtigen Meeting währt?" Nun war ich irritiert, worauf wollte er wohl hinaus? "Hmm schwierig, vermutlich: Passiert, komm, lass ihn uns einfach in Ruhe suchen, der taucht schon noch rechtzeitig wieder auf!", antwortete ich ihm, immer noch nicht wissend, was er denn eigentlich genau von mir wollte. Er nickte wieder und runzelte die Stirn. "Das heißt also, du behandelst dich schlechter als deinen schlimmsten Feind?"

Das hatte gesessen! Und diese Ohrfeige hallte noch lange in mir nach. Da war ich schon so lange auf dem Selbstliebe-Trip und nun das! Behandelte ich mich tatsächlich schlechter als meinen schlimmsten Feind? Während ich für jemand anderen Geduld und Verständnis aufbrachte, war mir das für mich selbst nicht möglich. Mehr noch, ich würde keinen anderen Menschen so anschreien, wie ich mich innerlich selbst angeschrien hatte. Während mir das so langsam bewusst wurde, muss ich gefühlt zehn Minuten regungslos und mit offenem Mund dagestanden haben. "Glaubst du, irgendjemand auf der Welt würde das jemals so zu dir sagen, wie du es gerade zu dir gesagt hast?" - "Nein!" - "Wenn also du diejenige bist, die die schlimmsten Dinge sagt, die wenigste Geduld und Rücksicht für dich hat, wovor hast du dann mehr Angst, wenn du einen Fehler machst: Vor deiner eigenen Reaktion oder vor der eines Dritten?"

WOVOR mehr

HAST DU DANN ANGST,
WENN DU EINEN

FEHLER machst

VOR DEINER eigenen
REAKTION ODER VOR DER
eines DRITTEN?

Und mit diesen Worten ließ er mich stehen. Die letzte Frage hatte es in sich und obwohl ich tief in mir die Erkenntnis schon spüren konnte, so war ich doch lange noch nicht bereit, ihr ins Gesicht zu blicken. Denn wenn das stimmte, war ich für viel Schmerz selbst verantwortlich und ich schämte mich wahnsinnig, dass ich einen Menschen mit Füßen getreten und so schändlich behandelt hatte. Scham kann etwas Schreckliches sein.

Mir wurde in meinem Leben schon oft übel mitgespielt. Ich hatte sehr viel Leid ertragen müssen und mich noch öfter über diese Ungerechtigkeit beschwert. Die Gewissheit, dass ich vieles davon selbst verursacht hatte, sickerte so langsam in mein Bewusstsein und auch verstand ich die eigentliche Botschaft, die er mir mitteilen wollte. Ich hatte mich bisher immer vor Fehlern gefürchtet. Nun begriff ich, dass meine eigene Reaktion, Enttäuschung und Kritik, ja, meine eigene innere Abwertung und Verurteilung viel schlimmer war als die von jemand anderem. Und mehr noch: Die eigentliche Angst war nicht die vor dem Fehler an sich, sondern die vor meiner eigenen Reaktion darauf. Und die war bei weitem die Schlimmste!

Als mich diese Erkenntnis traf, versprach ich mir, mich selbst niemals wieder so zu behandeln! Und ich kann euch versichern: Mich an dieses Versprechen zu halten, war nicht immer leicht. Ganz im Gegenteil, so hart habe ich noch nie an mir gearbeitet. Denn wer kann sich schon von heute auf morgen ändern? Auch ich kam nicht sofort aus meiner Haut. Es war ein langer Prozess, aber ein schöner und ich würde ihn jedes Mal wieder durchleben. Und ich bin sehr stolz darauf, sagen zu können, dass es mir bisher nur einmal passiert ist, mich noch einmal so schlecht zu behandeln. Aber wie bei jedem anderen Menschen auch hatte ich mich im Anschluss ausführlich bei mir entschuldigt. Am Ende gab mir mein Trainer noch eine Sache mit auf den Weg, die ich gerne mit dir teilen möchte:

„Merke dir die WORTE die du in dieser Situation deiner Freundin entgegnet hast Wenn du unter DRUCK irgendwann diese Worte zu dir selbst sagst dann hast du einen neuen FREUND gewonnen vermutlich den Wichtigsten!"

“Merke dir die Worte, die du in dieser Situation deiner Freundin entgegnet hast. Wenn du unter Druck irgendwann diese Worte zu dir selbst sagst, dann hast du einen neuen Freund gewonnen, vermutlich den wichtigsten!”

Wer sich in Gedanken immer wieder abstraft, abwertet und urteilt, so wie ich damals, der wird automatisch Angst vor Fehlern haben. Was ist die Konsequenz aus diesem Verhalten? Genau, Rückzug, überhöhte Vorsicht, Stress und das Ergebnis aus deiner Konsequenz: Du begrenzt dich, deine Fähigkeiten und Möglichkeiten und sperrst dich selbst in einen goldenen mentalen Käfig ein.

Zur Veranschaulichung ein Beispiel:

Vielleicht kennst du das Geschicklichkeitsspiel “Der heiße Draht”. Dabei gilt es, mit einer Metallschlaufe einen gewundenen Draht entlangzufahren, ohne ihn dabei zu berühren. Ein Kontakt führt beim Spiel zum Scheitern, gewonnen hat man, wenn man die Zielzone erreicht.

Angenommen, anstelle eines Warntons käme es beim Berühren des Drahtes zu einem extrem schmerzhaften Stromschlag. Mit jedem gescheiterten Versuch fiele es dem Spieler schwerer, einen weiteren Versuch zu starten, bis er das Risiko überhaupt nicht mehr eingehen wollte, weil der Schmerz beim Scheitern zu groß wäre. Erklänge dagegen bloß ein akustisches Signal, so kostete ein weiterer Versuch viel weniger Überwindung. Vielleicht würde der gescheiterte Versuch sogar dazu anspornen, es beim nächsten Mal besser zu machen.

In deiner eigenen Entwicklung als Ich-Entdecker ist der Stromschlag gleichbedeutend mit der eigenen Abstrafung. Es kostet unglaublich viel Überwindung und Kraft, einen weiteren Versuch zu starten und zu riskieren, wenn du beim Scheitern wieder Schmerz erfahren wirst. Die Angst vor einem Fehler hemmt dich und führt womöglich überhaupt erst dazu, dass er geschieht.

Beim heißen Draht genügt es, den Stromschlag abzustellen, um die Herausforderung attraktiv zu machen. Für die eigene Entwicklung kann es ebenfalls schon genügen, die Selbstbestrafung abzustellen und damit anzufangen, die Herausforderungen zu genießen und dabei auch Fehler zuzulassen. Es ist nicht damit getan, einen Knopf zu drücken und der

Strom ist aus. Die Selbstbestrafung ist ein über Jahre erlerntes Verhaltensmuster und nicht ganz leicht abzulegen. Das ist für viele von uns ein schwieriger und großer Schritt, aber er lohnt sich!

Wie wirst du die Angst zu scheitern los? Lust, dich dort wieder herauszuholen?

Lust zu lernen?

1. *Vor welchen Fehlern hast du die größte Angst?*

2. *Wenn du diese Fehler in der Vergangenheit schon einmal gemacht hast: Wie hast du auf den jeweiligen Fehler reagiert und welche Gedanken kamen dir als erstes in den Sinn?* [2]

3. *Was ist das Allerschlimmste, was passieren kann, wenn du den jeweiligen Fehler machst?*

4. *Wie wahrscheinlich ist es, dass das Allerschlimmste eintritt?*

5. *Welche anderen möglichen Folgen treten viel wahrscheinlicher auf?*

6. *Wie redest du selbst mit dir, wenn du Fehler machst? Zeigst du Verständnis oder bist du sauer? Sei ehrlich!*

7. *Schreibe auf, wie du in Gedanken reagieren möchtest, wenn du den jeweiligen Fehler machst.*

8. *Gib dir selbst das Versprechen, dass du dich nicht verurteilst und abwertest, wenn dir diese Fehler doch passieren.*

let's coach!

---

[2] *Wenn du dich nicht genau erinnern kannst, versuche, die Situation im Kopf zu rekonstruieren und nochmal nachzufühlen*

„Der größte Fehler, den man im Leben machen kann, ist immer Angst zu haben, einen Fehler zu machen!"

– dietrich bonhoeffer –

Druck und Stress

#hartewortelautgesprochen

Druck ist der Selbstbewusstseins-Killer Nummer Eins, denn Druck erzeugt bei uns Stress. Während es durchaus positiven Stress gibt, hört man selten, dass jemand von positivem Druck spricht. Während Stress viele Auslöser kennt, ist der von Druck ausgelöste Stress der ungesündeste. Befindet sich unser Körper in einem ungesunden Stresszustand, fühlen wir uns überfordert. Dies führt dazu, dass unsere Fehlentscheidungsquote drastisch ansteigt. Diese Fehleinschätzungen führen zu Misserfolgen und zu noch mehr Fehlern, sodass wir das Gefühl haben, dass unser Selbstbewusstsein schwindet. Man gerät schnell in eine Abwärtsspirale, aus der man nur schwer wieder herauskommt.

Ganz entscheidend ist der Punkt, dass wir aus Fehlern, die uns unter hohem Druck unterlaufen, kaum etwas lernen können, da der Druck uns zum schnellen Handeln zwingt. Je nach Persönlichkeitstyp führt dies zu ganz anderen Entscheidungen, verglichen mit solchen, die wir unter normalen Umständen treffen würden. Im Nachhinein fehlt uns dann das Verständnis für das eigene Handeln, und schon steckt man mittendrin in der Selbstverurteilung, die wieder ordentlich am Selbstbewusstsein kratzt. Solange wir mit uns selbst im Clinch liegen, sind wir nicht in der Lage, das Geschehene dissoziiert zu betrachten und wir bekommen nicht den nötigen Überblick, um aus dem Erlebten eine Erkenntnis zu gewinnen.

Die Tatsache, dass wir es unter normalen Umständen eigentlich besser können oder uns zumindest die passenden Infos geholt hätten, um die Aufgabe bewältigen zu können, hilft uns hier auch nicht weiter. Diese negativ gewordene Ich-Beziehung und unser Misserfolg, den wir uns nicht erklären können, sorgen zunehmend für Verunsicherung. Durch die Unsicherheit steigt die Angst vor Fehlern, diese Angst sorgt für erhöhten Druck, der wiederum zu Stress führt.
Wie kommen wir aus diesem Teufelskreis wieder heraus? Wir haben verschiedene Möglichkeiten. Wir können den Stress vermeiden, wir können ihn bewältigen oder wir können unsere Einstellung zum Stress verändern.

Solche Aussagen kennst du bestimmt und hast sie vielleicht das ein oder andere Mal selbst in den Mund genommen. Mein Trainer gab mir diesbezüglich ein tolles Bild, um dieses menschliche Verhalten zu verstehen:

Der Mensch ist wie eine Zahnpastatube. Das, was draufsteht, entspricht dem, wie wir nach außen wirken. Entweder durch das, was andere uns anerzogen haben oder durch das, was wir gerne darstellen würden. Wenn wir uns nun bestimmte Eigenschaften wünschen und diese auf die Tube drauf schrieben, mag das oberflächlich funktionieren. Aber es ist egal, wie sehr wir auf die Tube Druck ausüben, es kann nur das rauskommen, was drinsteckt. Druck wird uns deshalb nicht weiterbringen, wenn wir an uns arbeiten wollen. Doch wenn wir unter Druck geraten und jemand drückt auf die Tube, dann kommt das raus, was drin ist. Was uns manchmal erschreckt, denn wir haben uns doch so viel Mühe mit unserer Fassade gemacht. Um jedoch den Inhalt zu ändern, müssen wir uns langfristig verändern - und das braucht Zeit.

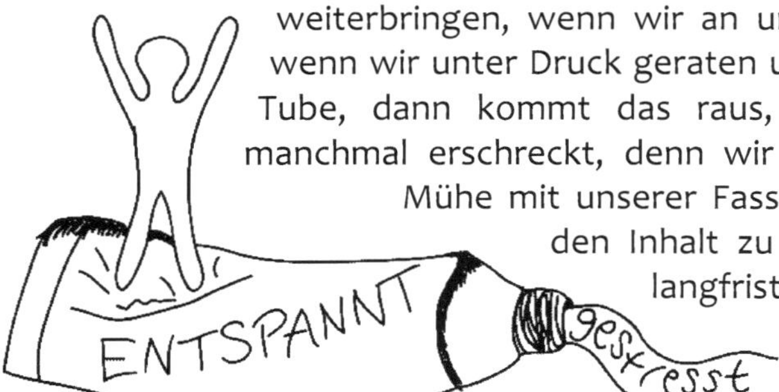

Die Vermeidung

Die Vermeidungsstrategie ist die einfachste und zugänglichste Möglichkeit mit Stress umzugehen. Denn wir müssen, grob gesagt, einfach darauf achten, dass wir glücklich bleiben. Es gibt sieben verschiedene Baustellen. Gelingt es dir, alle zu bewerkstelligen, sollte dir der Stress aus dem Weg gehen.

Zeitmanagement und Planung

Wir geraten meistens dann in Stress, wenn wir versuchen, mehrere Tätigkeiten in einen Zeitraum zu quetschen, als es sinnvoll und zielführend wäre. Dem Ganzen kannst du vorbeugen, indem du deine Planungsfähigkeiten verbesserst und dir ein Zeitmanagement aufbaust. Mache dir einen genauen Tagesplan, das gilt sowohl für die Arbeit als auch für dein Privatleben. Welche Aufgaben stehen an? Welche sind besonders wichtig und haben eine hohe Priorität? Sortiere deine Aufgaben in vier Bereiche:

Das gibt dir schon einmal eine erste Struktur und erzeugt das Gefühl, nicht unterzugehen. Arbeite die Aufgaben dann beginnend mit Bereich 1 ab. Dir kann so Wichtiges nicht versehentlich durch die Lappen gehen, du behältst auf jeden Fall den Überblick und gerätst zumindest nicht unnötig in Stress. Bereich 2 kannst du im Berufsleben nach Möglichkeit delegieren, oder aber nach Erledigung von Bereich 1 in Angriff nehmen.

Für Bereich 3 kannst du entweder einen Termin (mit ausreichend Zeitpuffer!) legen oder ihn nach Bereich 2 direkt erledigen. Bereich 4 kannst du dann erledigen, wenn du gerade Luft dazu hast und nichts Wichtigeres, Dringenderes ansteht. Aber Vorsicht: Ist man mit Bereich 4 zu nachlässig, müllt man sich hier ganz schnell zu - und, ehe man sich versieht, entsteht unnötig viel Chaos im Leben, das sich nur mühselig wegschaffen lässt!

Aufgaben richtig einschätzen.
Kannst du den Zeitaufwand für deine Aufgaben gut einschätzen? Viele Menschen unterschätzen den Zeitaufwand, den eine Aufgabe am Ende tatsächlich benötigt. Plane daher für jede aufwendigere Aufgabe Puffer ein. Bedenke: Du bist kein Roboter, du brauchst kleine Pausen zwischendurch, deine Gedanken schweifen gelegentlich ab und nicht zuletzt können unvorhergesehene Probleme auftreten. Sei daher in der Zeitplanung etwas großzügiger. Diese Methode soll dir helfen, deinen Stress abzubauen und nicht deine Produktivität ins Unermessliche zu steigern - dauerhaft ist sie dort nicht gut aufgehoben. Überprüfe regelmäßig, ob deine zeitlichen Einschätzungen richtig sind und plane dir auch Zeit für Schönes ein. Ruhephasen, Tagträumereien und kleine Momente der Besinnung sind der Konzentration zuträglich und sorgen dafür, dass dir weniger Fehler unterlaufen. Unterm Strich bist du auf diese Weise oft sogar schneller, als wenn du im Nachhinein deine stressbedingten Fehler ausbügeln musst. Gehe im Kopf die nächsten Tage und Wochen durch: Was könnte anfallen? Gibt es Termine, die vorbereitet werden müssen? Schaue regelmäßig in die Zukunft, damit du keine bösen Überraschungen erlebst.

6-Säulen
Das bringt mich weiter zum nächsten Punkt. Es gibt 6 Bereiche im Leben, die ausgewogen sein sollten, damit wir glücklich und zufrieden, aber vor allem auch stressfrei leben können. Alle sechs Bereiche sollten Platz in deiner Planung finden, damit du ein ausgewogenes und erfülltes Leben hast.

1. Liebe und Partnerschaft
2. Freunde und Familie
3. Karriere und Beruf
4. Körper und Gesundheit
5. Spiritualität und Zeit für dich
6. Wissen und Neues entdecken

Jede einzelne dieser Säulen fordert deine Aufmerksamkeit und du solltest sie während deiner Wochenplanung berücksichtigen. Mehr zu den 6-Säulen findest du weiter hinten im Buch. Wenn wir die Säulen missachten oder gar eine der Säulen vernachlässigen, geraten wir in Schieflage und sind angespannt - oft ohne zu wissen, warum eigentlich. Unser Sichtbereich verkleinert sich zusehends und wir laufen mit Tunnelblick durch die Gegend.

Überblick

Bewahre dir stets einen Überblick. Schaffst du das nicht alleine, dann gibt es zahlreiche kleine Alltagshelferlein, die dich dabei unterstützen können. Schaue mal in deinem Smartphone nach passenden Apps wie Notizsystemen oder

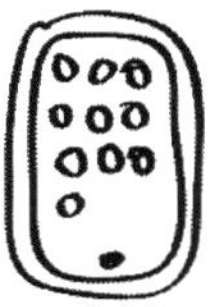

Wochenplanern. Du musst nicht alle Informationen in deinem Kopf behalten, es ist nur wichtig zu wissen, wo du die Infos herbekommst. Wenn dir die Apps zu technisch sind, hilft immer noch der gute alte Taschenkalender. Hier kannst du in der Monatsübersicht schön die Termine eintragen, die nur einmal im Jahr anfallen wie z.B. Reifenwechsel, TÜV, Steuererklärung oder andere Dinge, die man immer so gerne ausblendet. Wichtige Infos, die irgendwann mal eine Relevanz haben werden, kannst du in den Notizen hinterlegen und dort einfach regelmäßig nachsehen.

NEIN-SAGEN

Der Überblick, das Wissen über die 6 Säulen und dein Zeitmanagement helfen dir dabei, das Wichtigste zu lernen. NEIN-SAGEN, ob zur Freundin, zum Chef oder zu deiner Mutter - du hast alles im Griff und kannst sehr gut einschätzen, welche Gefallen zu viel sind und letzten Endes in Stress enden.

NEIN-SAGEN zu lernen ist für viele unsichere Menschen eine große Hürde. Im ersten Moment begründen zu können, warum man nein sagt, ist nicht der beste Weg, aber eine große Hilfe am Anfang damit zu beginnen. Je häufiger du mit dieser Methode es geschafft hast NEIN zu sagen, desto mehr Erfolge kannst du feiern. Du machst einen Selbstbewusstseins-Killer zu einem Selbstbewusstseins-Gewinner und das ist eine riesige Chance. Du wirst sehen, dass die Angst vor dem, was passieren könnte viel größer und schlimmer ist, als das was letzten Endes wirklich passiert.

Zukunfts-Szenarien

Höre auf, gedanklich in der Zukunft zu leben! Du bist nicht deine Zukunft. 90% der im Kopf ausgedachten Zukunftsszenarien finden so niemals statt. Wir haben also die meiste Zeit Angst vor Dingen, die niemals eintreten werden. Und das bedeutet eigentlich nur eins: Pure Zeitverschwendung. Ich darf mir bei dem Thema gerne selbst an die Nase greifen, denn ich lebe immer noch in Gedanken viel zu häufig in meiner eigenen erdachten Zukunft. Eine Zukunft, die zu 90% gar nicht eintreten wird. Meine großartige Fantasie hilft da auch nicht weiter. Wenn du also gerade bemerken solltest, dass du wieder in deiner Gedankenzukunft Angst vor Dingen hast, dann sage dir immer wieder: Es ist viel wahrscheinlicher, dass es ganz anders kommt als sowie gedacht. Besonders Frauen profitieren von dieser Info, da sie viel häufiger in einem solchen Sumpf versinken. Diese permanente Angst vor dem, was eventuell kommen KÖNNTE, ist hausgemachter Stress. Wenn du es schaffst, diese Angst abzulegen - und das kannst du - schließlich weißt du

ja nun, dass sie zu 90% nicht eintreten wird - dein Selbstbewusstsein vor schweren Schäden schützen.

Perfekte Vorstellung

Sehr artverwandt ist der nächste Punkt, die perfekte Vorstellung, auch bei Frauen sehr beliebt. Du hältst eine Präsentation und im Kopf wirst du schon von allen gefeiert, du beginnst eine Diät und im Kopf wirst du schon bewundert bevor das 1. Gramm fehlt. Die perfekte Vorstellung führt zu überhöhten Erwartungen. Erwartungen, die meistens gar nicht erfüllt werden können. Es ist okay eine tolle Präsentation gehalten zu haben, es reicht, wenn deine Ideen großartig sind, sie müssen nicht bahnbrechend sein. Wenn du in deinem Kopf das Wunder bist, bist du enttäuscht, wenn du nur ein Diamant bist. Verabschiede dich im Kopf von deinen perfekten Vorstellungen, dann hast du auch die Möglichkeit deine Erwartungen zu erfüllen. Dieser Erwartungsdruck, dem du dich da selbst immer wieder auslieferst, tut dir nicht gut. Denn egal wie gut, wie viel Zeit du investierst und ganz gleich wieviel Mühe du dir auch geben magst, du wirst die genug sein. Das Gefühl alles zu geben und dennoch nicht genug zu sein hilft nicht deinem Selbstbewusstsein, denn du stellst ein verzerrtes Bild von dir auf ein Podest, das du dir zur Lebensaufgabe gemacht hast, es zu erreichen. Du aber niemals erreichen wirst. 1.000 kleine Misserfolge am Tag, die du selber immer wieder aufs Neue kreierst. Lass los! Lass diese perfekte Vorstellung los und befreie dich selbst aus der Frustspirale.

Gedanken

Die letzten beiden Punkte finden sich hier wieder negative Gedanken, ein Thema das hier schon Erwähnung gefunden hat und auch noch ein paar Mal finden wird. Achte auf deine Gedanken! Die letzten beiden Punkte sind eigentlich Beispiele dafür, wie wir es immer wieder schaffen, uns mit unseren eigenen Gedanken immer wieder so in die Pfanne zu hauen. Beobachte dich und deine Gedanken mal einen Tag lang. Wo schadest du dir selbst immer wieder? Wo setzt du dich selbst in Gedanken immer wieder unter Druck, der zu Stress führt? Sei es die Erwartung oder der

Vergleich, oder deine eigene Gedankenzukunft. Denke immer daran, wenn es deine Gedanken geschafft haben, dich in eine negative Richtung zu ziehen, dann schaffst du es garantiert auch, sie in eine positive Richtung zu katapultieren. Beobachte dich und mache einfach mal das Gegenteil von dem, was du normal immer dachtest.

Der Vergleich

Auch wenn es um Druck und Stress geht gilt erneut: "Der Vergleich ist der Tod jedes selbstbewussten Menschen" - Glaubst du, der Manager mit den dicken Eiern oder die Selbstbewusste Frau beim Sport vergleichen sich so oft mit anderen, wie du es tust? Garantiert nicht, sonst wäre ihr Selbstbewusstsein komplett im Arsch! Es gibt immer einen hübscheren, schlaueren, raffinierteren, erfolgreicheren und wundervolleren Menschen als dich. Wenn du dich vergleichst kannst du dein Selbstbewusstsein gleich begraben. Der einzige Mensch mit dem du dich vergleichen solltest ist mit dir. Deinem "Ich" von gestern, letztem Jahr, vor 10 Jahren. Wie stark bist du gewachsen? Wo bist du besser geworden und hast dich weiterentwickelt? Bist du ein besserer Mensch geworden als du vorher warst? Vergleiche dich nur mit dir selbst, denn dein Wachstum zählt.

Die Bewältigung

Wenn du dich an alle Vermeidungsstrategien hältst, dann sollte dein Stresslevel bis aufs Minimum reduziert werden. Trotz der besten Vorbereitung der Welt, können wir es nicht ganz schaffen, dem Stress ganz aus dem Weg zu gehen. Denn wir sind nicht unfehlbar und äußere Einflüsse, die wir nicht beeinflussen können, gibt es ja auch noch. Wenn der Druck und der damit verbundene Stress dann doch auftauen sollten, solltest du also eine gute Vermeidungsstrategie mit on Board haben.

Lauf den Stress weg

Am besten klappt das mit Bewegung. Diese kurbelt deinen Stoffwechsel mächtig an und baut dadurch deine Stresshormone ab. Bitte, bitte versprich mir, dass du nur Sport und Bewegung in dein Leben holst, der dir Spaß macht. Mein Ziel ist es dich glücklich zu sehen! Solltest du dich gerade in einer akuten Stresssituation befinden und viel Bewegung gerade nicht so möglich sein, dann könnte dir Mentaltraining weiterhelfen.

Mentaltraining

Mentaltraining kennen viele unter täglichen Übungen wie z.B. Meditations-Übungen. Mentaltraining kann man aber auch unter anderen Umständen als Zuhause und quasi fast überall machen. Suche dir das ruhigste Fleckchen, dass du finden kannst. Das mag jetzt vielleicht doof klingen, aber die Toiletten sind meisten genau ein solcher Ort. Wenn du einen entsprechenden Ort gefunden hast, schließe die Augen und lege beide Handflächen auf deinen Bauch. Du kannst auch gerne etwas Druck auf deinen Bauch geben. Mit jeder Einatmung dehnt sich dein Bauch und du drückst deine Hände weg. Diese machst du ein paar Minuten lang und konzentrierst dich dabei völlig aufs Atmen. Diese Übung nenne ich gerne die Bauchstopptaste.

Die nächste mentale Übung ist die 5-Sinne-Übung. Hierfür brauchst du auch wieder einen ruhigeren Ort. Und nun fokussierst du dich nur auf die Details, je kleiner desto besser und durch wanderst deine 5 Sinne. Was siehst du? Was hörst du? Fühlst, riechst und schmeckst du? Dunkle schnelle Stimmen oder grelle Farben mit vielen Schatten? Sage dir alle wahrgenommenen Details laut im Kopf vor. Die Übung dient dafür, dich völlig in den Moment hinein zu ziehen und das hier und jetzt wahr zu nehmen.

Entspannungsübung

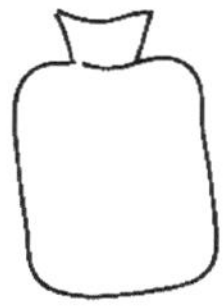

Wenn du das Gefühl hast, bevor du alle Vermeidungsstrategien durchtestest, musst du erstmal den alten Stress beseitigen, dann sind vielleicht Entspannungsübungen für dich genau das Richtige. Das kann im Kleinen, Augen zu, hinlegen und Wärmflasche auf den Bauch, oder ein paar heiße Wannen mit angenehmem Duft sein, eine kleine Auszeit in Form eines Wellness Urlaubs oder etwas langfristiger Entspannungskurse wie Qi Gong, progressive Muskelentspannung und Traumreisen. Egal wofür du dich entscheidest, du musst dich wohl dabei fühlen und Spaß haben. Wenn du schon Zeit für dich einplanst, dann sollst du sie auch genießen.

starkes
SELBST
BEWUSST
SEIN
heißt, sich
auch in
fremder so entspannt
umgebung mit
DIR SELBST
zu fühlen, wie in deinem
WOHNZIMMER

DIE HERRKUNFT

Wo kommt Selbstbewusstsein eigentlich her?

#lassmalstrukturindiesachebringen

Halten wir mal fest: Wenn wir langfristig Selbstbewusstsein aufbauen wollen, dann müssen wir uns mit uns selbst auseinandersetzen und uns die Mühe machen, uns selbst besser kennenzulernen. Wir könnten es uns also einfach machen und dieses Kapitel schon jetzt beenden. Denn Selbstbewusstsein kommt von innen. Also findest du es nur in dir!

Aber da ist noch eine wichtige Frage offen: Wie kommt dieses im Inneren liegende Selbstbewusstsein überhaupt dorthin, ins Innere? Werfen wir mal einen Blick auf die Selbstbewusstseins-Pyramide:

Erfahrungen

Erfahrungen machen wir alle, ob wir wollen oder nicht. Gute ebenso wie schlechte, erfreuliche und solche, auf die man am liebsten verzichten würde. Doch alle Erfahrungen haben eines gemeinsam: Sie bieten uns die Möglichkeit, innerlich zu wachsen und unser Selbstbewusstsein zu stärken. Doch wer entscheidet eigentlich, ob uns eine Erfahrung Selbstbewusstsein schenkt oder nicht? Ganz einfach: Wir selbst!

Was und wie viel wir aus einer Erfahrung mitnehmen, das können wir beeinflussen. Auf den ersten Blick sieht es vielleicht so aus, dass wir nur aus guten Erfahrungen Selbstbewusstsein ziehen, denn hier ist uns etwas Glorreiches und Tolles gelungen. Etwas, worauf wir stolz sein können. Die schlechten Erfahrungen drücken uns doch nur runter, sie dokumentieren schließlich unser Scheitern und nehmen uns doch damit unser Selbstbewusstsein, oder? Nein, das ist ein viel zu weit verbreiteter Trugschluss. Gerade aus negativen Erfahrungen können wir letzten Endes viel Selbstbewusstsein ziehen. Entscheidend sind unsere eigenen Erwartungen, Vorstellungen und Einstellungen. Nehmen wir jede Situation oder Herausforderung als Learning an, so sehen wir in einer schlechten Erfahrung nur den Beweis, dass wir grundsätzlich noch wachsen können. In diesem Fall sind unsere als Fehler empfundenen Taten der Hinweis darüber, WAS wir noch lernen können.

Lust zu lernen?

1. *Über welche deiner Fehler ärgerst du dich heute noch?*

2. *Welche Situationen gehen dir einfach nicht mehr aus dem Kopf?*

3. *Was glaubst du solltest du in diesen Situationen lernen?*

let's coach!

Gedanken

Erinnerst du dich noch an die Lektion mit dem verlorenen Schlüssel? In deinen Gedanken legst du fest, ob du etwas lernst oder jemanden verurteilst. Denn wenn wir unter Druck agieren müssen und uns dabei nicht mit abwertenden Gedanken selbst im Weg stehen, dann fördert unser Handeln meist Grundfähigkeiten zutage. Beispiel: Wir verlieren den Schlüssel, reden mit uns wie mit einem guten Freund, entscheiden uns dafür, mit einem Kollegen zu fahren, damit wir noch rechtzeitig zum Meeting kommen. Hier wären die Fähigkeiten "Lösungsorientiertes Handeln", "Entscheidungsbereitschaft unter Druck", "Schnelles Planen" und "Spontanität" zu Tage gefördert werden.

Durch deine Gedanken kannst du selbst bestimmen, wann du lernen und profitieren darfst und wann nicht. Denn selbst wenn du einen riesigen Fehler gemacht hast und du eine riesige Schwäche bei dir bemerkt hast, dann hast du dennoch ein riesiges Learning gehabt - sofern du es dir erlaubt hast. Denn aus etwas Unbewusstem wurde etwas Bewusstes. Außerdem hast du ein weiteres Puzzleteilchen von dir selbst entdeckt!

Wertest du dich selber in Gedanken ab? Bestrafst, verurteilst und beschimpfst du dich manchmal, wenn keiner zuhört?

Was ist die Konsequenz aus diesem Verhalten? Genau Rückzug, überhöhte Vorsicht, Stress und das Ergebnis dieser Konsequenz: Du begrenzt dich, deine Fähigkeiten, Möglichkeiten und dein Potenzial. Du sperrst dich selbst in einen goldenen mentalen Käfig.

Lust, dich dort rauszuholen?

Lust zu lernen?

1. *Welche Gedanken lassen dich nicht mehr los?*

2. *Was glaubst du wollen sie dir damit sagen?*

3. *Wo hältst du dich in Gedanken noch klein?*

4. *Welche Gedanken bremsen dich aus?*

5. *Suche dir jeden Abend vor dem Einschlafen drei Dinge, die du heute positiv fandst. Überlege dir auch, wofür du dankbar bist!*

let's coach!

Der Glückspilz-Zyklus:
Sagt dir das Gesetz der Anziehung etwas? Was wir ausstrahlen, das ziehen wir an! Möchtest du als Glückspilz durch dein Leben gehen? Dann gebe ich dir heute das Rezept dazu mit auf den Weg.

Wenn du es schaffst (und mit viel Training wirst du das), dann werden deine Gedanken zunehmend positiver. Je positiver deine Gedanken werden, desto positiver wird auch deine Lebenseinstellung. Eigentlich ganz logisch. Wenn du mit einer positiven Lebenseinstellung durch dein Leben gehst, bekommst du, ob du willst oder nicht, eine positive Grundhaltung. Auch logisch! Wenn du mit dieser positiven Grundhaltung durch dein Leben gehst, dann strahlst du das auch aus. Deine positive Ausstrahlung zieht automatisch Menschen mit einer ähnlichen Ausstrahlung an. Denn gleich und gleich gesellt sich gerne.

Wenn du positive Menschen anziehst, bringen sie positive Dinge mit. Du ziehst letzten Endes positive Dinge automatisch an. Und wenn du positive Menschen und Dinge in deinem Leben hast, dann hast du automatisch positive Gedanken. Nebenbei wirst du - du wirst es dir vielleicht schon gedacht haben - glücklich! Toll, so ein Glücksmagnet zu sein, oder? Hier noch einmal der kurze Überblick:

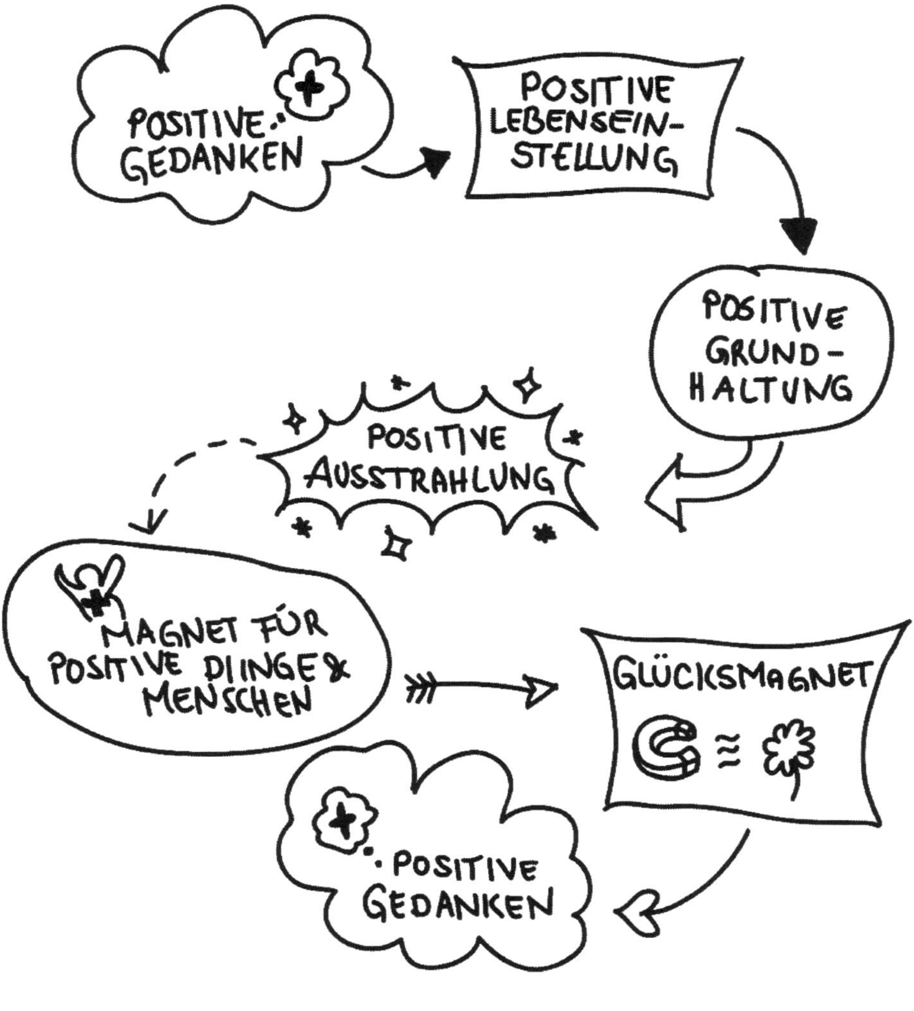
POSITIVE GEDANKEN
POSITIVE LEBENSEIN-STELLUNG
POSITIVE GRUND-HALTUNG
POSITIVE AUSSTRAHLUNG
MAGNET FÜR POSITIVE DINGE & MENSCHEN
GLÜCKSMAGNET
POSITIVE GEDANKEN

Fähigkeiten

Also erlaubst du mit deinen Gedanken, dass aus einer Erfahrung Fähigkeiten wachsen dürfen. Bei den Fähigkeiten kannst du vier verschiedene Level erreichen:

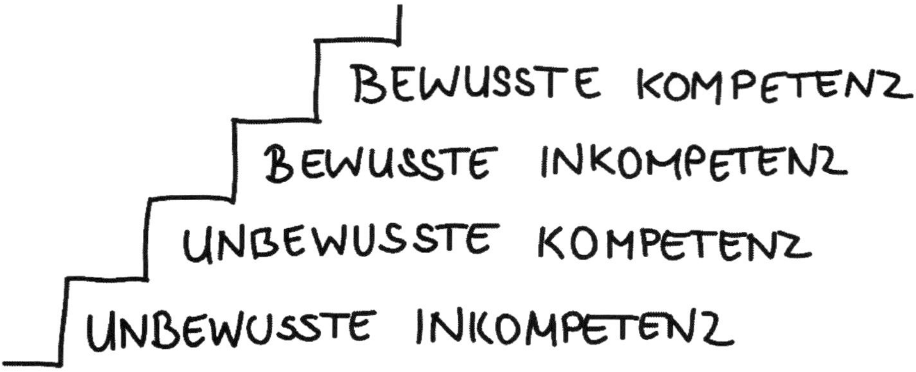

Je höher deine Stufe wird, desto größer wird dein Selbstbewusstsein. Bemerke, dass die unbewusste Kompetenz hinter der bewussten Kompetenz liegt. Sprich: Du hast von einer Inkompetenz, um die du weißt, viel mehr als von einer Kompetenz, von der du keine Ahnung hast. Denn eine Fähigkeit, die bei dir stark ausgeprägt ist, dir bisher aber noch nie bewusst wurde, kannst du nicht gezielt einsetzen. Dein bewusstes Wissen über Dinge, die dir nicht liegen, kannst du hingegen in deine Entscheidungen einfließen lassen.

Unbewusste Inkompetenz: Du kannst Situationen, in denen sie zum Tragen kommt, nicht meiden und sie nicht gezielt verbessern, da du dir ihrer nicht bewusst bist.

Du gehst zu einem Tanzdate und dir ist nicht bewusst, dass du nicht tanzen kannst.

Unbewusste Kompetenz: Du kannst Situationen nicht suchen, in denen du sie nutzen kannst, da du dir ihrer nicht bewusst bist.

In der Firma fragt jemand, wer stellvertretend die Leitung übernehmen kann. Du meldest dich nicht, weil du von deinen grandiosen Führungskompetenzen noch nichts weißt.

Bewusste Inkompetenz: Du kannst Situationen, in denen sie zum Tragen kommt, meiden und bessere Alternativen suchen oder an ihnen arbeiten, da du dir ihrer bewusst bist.

Dein Chef möchte dir eine neue sehr wichtige Tätigkeit anvertrauen, du weißt, dass dir diese Aufgabe nicht liegt und du viele Fehler machen wirst. Du lehnst das Angebot ab.

Bewusste Kompetenz: Du kannst gezielt Situationen suchen, in denen sie vorteilhaft zum Tragen kommt, da du dir ihrer bewusst bist.

Du weißt, dass du tolle Vorträge halten kannst. Als dein Chef das gesamte Team fragt, wer diese Aufgabe übernehmen könne, meldest du dich.

Ich finde, dieses Bild zeigt sehr deutlich, weshalb Selbstbewusstsein bedeutet, sich seiner selbst bewusst zu sein. Jedes einzelne Puzzleteilchen, das du über dich selbst gefunden hast, ist wertvoll, auch wenn es auf den ersten Blick noch so klein und unscheinbar wirkt. Denn es sorgt dafür, dass du mehr Bewusstsein über dich selbst gewonnen hast und einige Unsicherheiten loslassen kannst.

MISSERFOLG
ist lediglich eine
GELEGENHEIT
mit neuer
Weisheit
noch mal
anzufangen

-henry ford-

Lust zu lernen?

1. *Sei mal ganz ehrlich zu dir selbst: In deiner Vergangenheit gibt es bestimmt den einen oder anderen großen Misserfolg, über den du dich früher geärgert und für den du dich vielleicht auch abgewertet hast. Welche fallen dir ein?*

2. *Wie würdest du heute mit deinem neu erlangten Wissen auf diese Misserfolge reagieren wollen?*

3. *Was würdest du gerne zu dir sagen bzw. hättest du gerne damals schon gesagt? (Sage es dir in Gedanken oder schreibe es auf.)*

4. *Was konntest du aus diesem Misserfolg lernen?*

let's coach!

Möglicherweise kannst du auf diese Weise aus einem Scheitern heraus eine unbewusste Inkompetenz zu einer bewussten Inkompetenz machen. Nimm dir die Zeit, das genau zu ergründen! Vielleicht ist es nur ein kleines Detail, das zum Scheitern geführt hat, und nicht das große Ganze.

Umgekehrt gilt das auch für deine Erfolge: Nimm dir immer wieder die Zeit, zu ergründen, was genau dazu geführt hat, dass du erfolgreich warst. Vielleicht war eine Fähigkeit beteiligt, derer du dir bisher nicht bewusst warst.

Eine Freundin von mir hat mir ein tolles Beispiel hierfür aus ihrer Anfangszeit als Lehrerin in der Schule geliefert:

“Ich bekam schon während meiner Praktika und der ersten Vertretungsjobs positives Feedback darüber, dass die Mehrheit der

Kinder und Jugendliche sehr schnell Vertrauen zu mir fassten, mich respektierten und Interesse an meiner Person zeigten - ein großer persönlicher Erfolg für mich. Zu Beginn der Berufsausübung hatte ich keinen blassen Schimmer, warum ich auf diese Weise wirkte.

Ich dachte: "Super, ich kann gut erklären, bin konsequent und Humor habe ich auch noch." Mit der Zeit kristallisierte sich immer mehr die Erkenntnis heraus, dass ich eine Kompetenz innehabe, die es mir ermöglicht, tiefgehende Empathie zu verspüren, sodass ich ein sehr gutes Gespür für die Bedürfnisse und Wünsche dieser Kinder habe. Ich verstehe diese Kids, die an der Schwelle zur Pubertät stehen oder sich mittendrin befinden. Dank dieser Empathie Fähigkeit und weil meine eigene Kindheit und Jugendzeit so präsent ist als wären alle Sorgen, Hoffnungen und Wünsche der damaligen Zeit gerade gestern gewesen.

Sie spürten, dass ich sie und das womit sie sich beschäftigen, spüren kann, dass ich sie so akzeptierte wie sie waren, dass ich im Nebel der unerwünschten Handlungen und Verhaltensweisen immer sie und ihr gutes Herz in ihnen sah. Sprich meine unbewusste Kompetenz war, dass ich den Kindern auf Augenhöhe und mit viel Verständnis entgegentrat. Jetzt wo ich weiß, WIE genau meine Stärke funktioniert, weiß ich auch, dass ich diese Fähigkeit auch bei anderen Menschen anwenden kann. Sie ist nicht nur auf Kinder festgelegt."

Stärken und Schwächen

Stärken und Schwächen sind ähnlich gestrickt wie die Fähigkeiten. Auch hier unterscheidet man zwischen den Qualitäten bewusst und unbewusst. Während die Fähigkeiten allerdings einen sehr konkreten Bereich betreffen, sind Stärken und Schwächen eher grundlegende Eigenschaften, die Einfluss auf etliche Themengebiete nehmen. Zu einem großen Teil resultieren unsere Fähigkeiten aus eben diesen Eigenschaften.

Während die Fähigkeiten relativ einfach in Kompetenzen und Inkompetenzen einzugliedern sind, ist es bei den Eigenschaften oft Auslegungssache, ob sie als Stärke oder Schwäche betrachtet werden.

Beispielsweise gibt es detailverliebte Menschen und Überblicks-Menschen - die einen betrachten die kleinen Dinge bis ins Detail, während die anderen erstmal ein möglichst umfassendes, grobes Bild vom jeweiligen Sachverhalt brauchen. Es gibt Perfektionisten, die bis ins kleinste Detail alles durchdenken und auf der anderen Seite gibt es Macher, die einfach loslegen und Probleme erst dann angehen, sobald sie auftreten. Wir reden hier von grundverschiedenen Eigenschaften, die aber je nach Situation und Erfordernissen von Vor- oder Nachteil sein können. Ob die jeweilige Eigenschaft eine Stärke oder Schwäche ist, ist sehr vom Kontext abhängig.

Falls du das Gefühl haben solltest, dass deine Schwächen überwiegen, dann könnte es daran liegen, dass du noch nicht dort angekommen bist, wo du auch wirklich hingehörst. Du kannst es dir in etwa so vorstellen: Du bist ein wundervolles Puzzleteilchen mit Ecken und Kanten, die dich einzigartig machen. Wenn dein Puzzleteilchen an der falschen Stelle liegt, wenn es sich nicht gut anfühlt wie es gerade ist, wenn du das Gefühl hast, dass du gegen dich kämpfen musst und du jeden Tag merkst, dass deine Schwächen dich aufhalten, dann sind das alles Anzeichen dafür, dass du dich noch nicht an der richtigen Stelle aufhältst. Denn das, was du im Moment als Schwäche betrachtest, kann in einem anderen Rahmen durchaus eine Stärke sein!

Jahrelang wurde meine große Sensibilität immer als Schwäche ausgelegt, es wurde sehr viel Mühe und Arbeit investiert, diese auszumerzen und ich lag viele Nächte lang wach im Bett und hatte mich tierisch über diese Schwäche und über die große Ungerechtigkeit aufgeregt, dass ausgerechnet ich mit ihr leben musste. Irgendwann hatte ich mich getraut, mein Puzzleteilchen einfach mal an eine andere Stelle zu verfrachten.

Et voilà: Meine vermeintlich völlig nutzlose und überflüssige Schwäche ist nun meine größte Stärke. Übrigens kann ich 70 Prozent meiner einst sicher geglaubten Schwächen in meinem Beruf wunderbar gebrauchen. Mehr noch, sie machen sich bei meiner Arbeit als sehr wertvoll bemerkbar. Meine hohe Begeisterungsfähigkeit drückte mir in der Schule den Stempel auf, mich zu leicht ablenken zu lassen. Heute profitiere ich davon, weil sie mich neuen Entwicklungen gegenüber aufgeschlossen macht - ein Vorteil in unserer schnelllebigen Zeit. Mein Hang, die Dinge in Extremen zu betrachten und oft nur zwischen sehr positiv und sehr negativ zu unterscheiden, wird gerne als Hang zur übertriebenen Dramatik gesehen. Gezielt eingesetzt hilft es mir bei meiner Arbeit als Coach sehr mit dem provokativen Stil zu arbeiten. Und so kam es auch schon das eine oder andere Mal vor, dass ich um diese vermeintlichen Schwächen beneidet wurde. Verrückt! Wie gut, dass manche Wünsche nicht in Erfüllung gehen, sonst könnte ich heute nicht von der vermeintlichen Schwäche profitieren!

Viele sind der Meinung, wenn es um das Selbstbewusstsein geht, sollten die vermeintlichen Schwächen außen vorgelassen werden. Ich bin da anderer Meinung. Sie sind ein wichtiger Teil unserer Persönlichkeit und sind ebenso wertvoll wie unsere als Stärken wahrgenommenen Eigenschaften. Uns ganzheitlich zu akzeptieren, bringt langfristig gesehen viel mehr Selbstbewusstsein (später im Buch mehr davon).

Doch was betrachten wir überhaupt als Schwächen?

Wiederholtes Verhalten, dem eine Fähigkeit zugeschrieben wird, die wir als negativ oder wenig wertvoll bewerten.

Wollen wir die Meisterleistung vollbringen, unsere Schwächen in Stärken zu verwandeln, ändern wir vielmehr unsere Bewertung als unser tatsächliches Verhalten. Oftmals stammt die negative Beurteilung, die unsere Eigenschaften als Schwächen brandmarkt, von Dritten und wir haben sie lediglich übernommen - meist im Kindesalter.

Schwächen
SIND DIE
SCHATTEN
UNSERER
Stärken
wo kein SCHATTEN
DA AUCH KEIN Licht

Lust zu lernen?

1. *Welche Charaktereigenschaften schreibst du dir zu?*
2. *Wo siehst du deine Stärken?*
3. *Welche deiner Eigenschaften betrachtest du als Schwächen?*
4. *Wofür könnten diese Schwächen gut sein?*
5. *Welche Eigenschaften werden dir von anderen zugeschrieben?*
6. *Sind dir im Laufe deines Lebens Eigenschaften an dir aufgefallen, die bei anderen weniger ausgeprägt oder gar nicht vorhanden sind?*
7. *Wo befindest du dich aktuell? Bei welchen Eigenschaften hast du das Gefühl, sie passen gerade nicht wirklich in dein Leben, über welche deiner Eigenschaften ärgerst du dich aktuell?*
8. *Wo könnten diese überflüssigen Eigenschaften hilfreich und wertvoll sein?*

let's coach!

Werte

Hinter all unserem Handeln stecken unsere Werte. Sie leiten uns. Sie beeinflussen, in welche Richtung wir uns bewegen und wie wir unsere Fähigkeiten einsetzen. Sie sind dafür verantwortlich, ob wir uns bei einer Handlung gut fühlen oder nicht. Wenn wir unsere Werte kennen, gibt uns das extrem viel Kontrolle, Sicherheit und Macht, weil wir ein Kernelement unseres Wesens entdeckt haben. Nichts gibt mehr langfristiges Selbstbewusstsein als das Wissen um deine Werte und wie du mit diesem Wissen umgehst. Für mich ist es der wesentlichste Baustein, um Selbstbewusstsein aufzubauen.

Wenn ich mich in einem Wertekonflikt befinde, fühlt es sich immer so an, als ob Engelchen und Teufelchen auf meiner Schulter sitzen und ich die jeweiligen Argumente ins Ohr geflüstert bekomme. Für wen ich mich auch entscheide, ich habe immer das Gefühl, dass ich verloren habe.

Hier möchte ich dich bitten, eine kleine Abkürzung zu nehmen. Auf unserer Webseite bieten wir einen kostenlosen Wertecheck an. Das wird dir deine Suche nach den eigenen Werten enorm erleichtern. Du kannst den Effekt dieser Übung verstärken, indem du vorher eine Rangfolge festlegst und versuchst deine Werte auf die verschiedenen Plätze zu verteilen. Was glaubst du, welcher Wert ist dir am wichtigsten?

Deine gedachte Rangordnung mit der tatsächlichen zu vergleichen, ist meistens sehr aufschlussreich. Solltest du mit deiner Rangordnung nicht zufrieden sein sowie genauer wissen wollen, was du mit deinem neu gewonnenen Wertewissen anfangen kannst, findest du einige hilfreiche Informationen und Selbstcoaching-Tipps auf unserer Webseite.

Ziele

Unsere Ziele gehören zur zweiten Ebene der Pyramide. Denn nur wenn das Fundament steht, dann sind unsere Ziele auch wirklich unsere Ziele und verschaffen uns dadurch mehr Selbstbewusstsein. Du kannst dir das in etwa so vorstellen:

Wir legen jeden Tag zehn Meilen an Strecke zurück. Egal, ob wir wissen, wohin oder in welche Richtung. Diese zehn Meilen werden jeden Tag an Strecke zurückgelegt. Bist du dir deiner selbst nicht bewusst, verschwendest du deine Energie, denn du hast keinen Fokus, keine Ausrichtung, du läufst im Kreis oder im schlimmsten Fall einfach immer wieder hin und her. Mit deinen Zielen richtest du dich und dein Leben komplett neu aus. Es spielt keine Rolle, wieviel Energie du am Tag investiert hast, du verschwendest nichts mehr, denn du läufst immer in die richtige Richtung. Es gibt wenig, dass dir so viel Selbstbewusstsein verschafft wie das Wissen und die Gewissheit darüber, wohin dein Leben gehen soll. Schon kleine Teilziele haben genau diesen Effekt. Doch um das erreichen zu können, musst du das Fundament deines Selbstbewusstseins erfolgreich gefestigt haben.

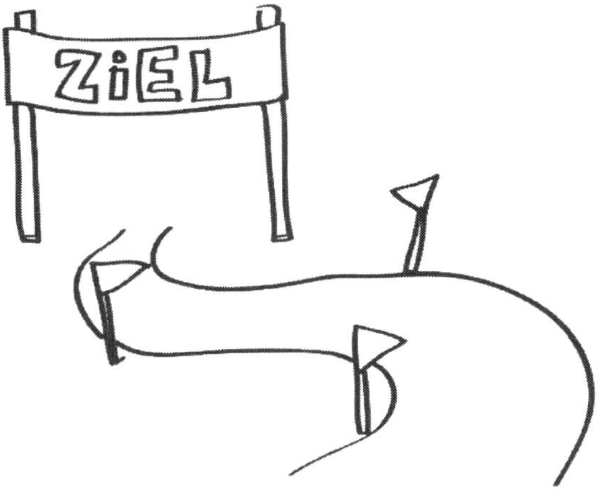

WICHTIG: Bitte zuerst diese Frage beantworten, bevor du die nächste Frage liest! (Ganz wichtig, da du sonst das Ergebnis verfälschst)

Lust zu lernen?

1. *Was möchtest du in deinem Leben gerne noch alles erreichen? Welche Ziele sind dir wichtig?*

2. *Stelle dir vor, Geld würde keine Rolle spielen. Was würdest du mit deinem Leben anfangen wollen? Was würdest du gerne tun?*

3. *Stelle dir vor, dass du nicht scheitern kannst, egal, was du ab morgen tust. Mit der Gewissheit, dass Geld keine Rolle spielt und dass du nicht scheitern kannst, was würdest du tun?*

let's coach!

Was war dein Ziel, als du dich dafür entschieden hast, dieses Buch zu lesen? Vielleicht wolltest du einfach selbstbewusster werden. Für ein wirksames Ziel ist das etwas zu schwammig, da der Endpunkt nicht zu erkennen ist. Denn woran merkst du, dass du dieses Ziel erreicht hast? Wie genau sieht der Moment aus, indem du merkst, dass du dein Ziel "Selbstbewusster werden" erreicht hast? In welchem Lebensbereich möchtest du selbstbewusster werden? In allen? Möglicherweise hast du schon bemerkt, dass dein Selbstbewusstsein in verschiedenen Bereichen deines Lebens unterschiedlich ist.

Um all diese Fragen zu beantworten, ist es manchmal ganz hilfreich, sich einen Moment der Ruhe zu suchen. Setze dich dann gemütlich hin und schließe kurz deine Augen.

Gehe in Gedanken an den Ort, an dem du dein Ziel erreicht hast. Wie fühlt es sich an dort zu sein, was siehst du, hörst du, schmeckst du, riechst du? Durchlebe den Moment deines erreichten Ziels mit all deinen Sinnen. Je intensiver dir das gelingt, desto motivierender wird es am Ende für dich sein.

Wenn du diese kleine Gedankenreise gemacht hast und genau weißt, wie es am Ende aussehen wird, dann stelle dir die Frage: "Wie komme ich dorthin?" Wie sieht der Moment unmittelbar davor aus, bevor du dein Ziel erreicht hast? Und wie sah der Moment davor aus?

Oftmals ist es leichter, den Weg gedanklich chronologisch rückwärts zu gehen. Möglicherweise findest du kleinere Etappenziele auf dem Weg. Etappenziele, die dich motivieren, weiterzumachen und die für sich genommen schon kleine Erfolge sind, auf die du stolz sein kannst. Die Entscheidung dieses Buch zu lesen, ist schon ein kleines Etappenziel, auf das du stolz sein kannst!

Die meisten Menschen tun sich schwer damit, Fragen wie "Wo soll es hingehen?" oder "Was möchte ich erreichen?" zu beantworten. Sie geraten ins Stocken und ihnen fällt nichts ein. Komischerweise ist es immer der gleiche Wert, der uns Menschen im Weg steht, um klar zu sehen und unser Leben zu verwirklichen. Gemeint ist die Sicherheit, die wir uns von Geld versprechen. Bedient man nun diesen Wert Sicherheit und lässt dabei die finanziellen Mittel außen vor, kommen bei den meisten Menschen plötzlich ganz außergewöhnliche Einfälle hervor.

Vielen fällt plötzlich alle Last von den Schultern und sie sprudeln dann förmlich über vor Ideen. Bei mir war es ähnlich. Der Wert finanzieller Sicherheit ist bei mir ziemlich stark ausgeprägt, was in der Vergangenheit immer wieder dafür gesorgt hat, dass ich mich selbst ausgebremst hatte. Wenn du völlig frei bist und dir in diesem Moment einfällt, was du denn eigentlich am liebsten machen würdest und es klar vor dir siehst, dann lohnt es sich in einem Moment der Stille noch einmal darüber nachzudenken. Die Antworten auf deine Fragen findest du in deinem Inneren. Wenn du dir einmal die Zeit nimmst, dir zuzuhören, dann sind die Antworten oft ziemlich klar und eindeutig. Wenn ich dir eine Beobachtung von mir mit auf den Weg geben darf: "Wenn du tust, was du liebst, dann kommt das Geld von ganz allein!"

AUF WELCHER SÄULE MÖCHTEST DU GERNE SELBSTBEWUSSTER WERDEN?

Es gibt insgesamt sechs verschiedene Säulen[3], die du brauchst, um glücklich zu werden. Erinnerst du dich? Hinsichtlich jeder einzelnen Säule kann dein Selbstbewusstsein ganz anders aussehen. Es ist wichtig herauszufinden, bei welchen Säulen es größer ist und bei welchen kleiner, denn du kannst aus dieser Erkenntnis sehr viel lernen!

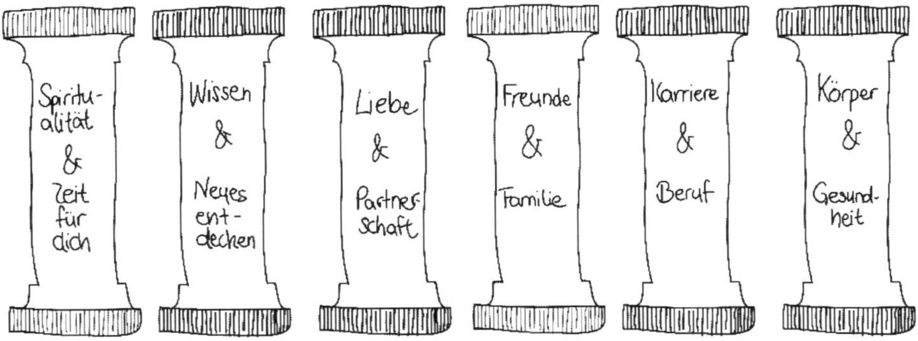

Liebe und Partnerschaft:

Hier geht es um die Beziehung in deiner Partnerschaft. Auch für alle Singles interessant, um herauszufinden, wie ihr Selbstbewusstsein in diesem Bereich aussieht!

---

[3] Hier findest du weitere Informationen zu den einzelnen Säulen: http://justmycoach.de/glueck-im-alltag/ . Auf unserer Webseite und in unserem Podcast findest du weitere spannende Artikel und Episoden.

Freunde und Familie:

Bei dieser Säule geht es darum, wie selbstbewusst du in deinen einzelnen Beziehungen bist. Geben dir deine Familie und deine Freunde Kraft? Oder lauern hier vielleicht ein paar Selbstbewusstseins-Killer auf dich? Wenn die Bereiche Freunde und Familie sich bei dir sehr stark unterscheiden, dann kannst du aus dieser Säule auch gerne zwei machen.

Karriere und Beruf:

Hast du eine Karriere oder gehst du "nur" arbeiten? Macht dich deine Arbeit stark und stolz oder zieht sie dich herunter?

Körper und Gesundheit:

Wie steht es mit deinem eigenen Körperbild? Bist du mit deinem Körper zufrieden? Gibt es Krankheiten, die dich unsicher machen oder für die du dich gar schämst?

Spiritualität:

Die Beziehung zu dir selbst. Hier hast du ja schon gelernt, dass deine eigenen Gedanken eine sehr wichtige Rolle spielen. Macht dich deine Spiritualität, dein Glaube stark und stolz oder verbirgst du deine Gedanken diesbezüglich? Hast du dich mit diesen Themen schon auseinandergesetzt?

Wissen und Neues entdecken:

Auf welche Fähigkeiten bist du bei dir besonders stolz? Gibt es etwas, das du weißt oder beherrschst, das dich besonders selbstbewusst macht? Lernst du schnell und entdeckst gerne Neues oder ist eher das Gegenteil der Fall?

Lass dir jede einzelne Säule und ihre Bedeutung kurz durch den Kopf gehen und schreibe dann spontan auf, wie viel Prozent Selbstbewusstsein du bei ihr in dir siehst. Denke nicht viel nach, mach es einfach aus dem Bauch heraus. Wenn du das für alle sechs Säulen gemacht hast, betrachten wir jede einzelne Säule einzeln.

Lust zu lernen?

1. *Was macht dich selbstbewusst?*
2. *Was hindert dich daran, selbstbewusst zu sein?*
3. *Was möchtest du gerne verändern, damit du wachsen kannst?*
4. *Was muss sich unbedingt ändern?*
5. *Wie könnten die ersten Schritte konkret aussehen?*

let's coach!

Stelle dir diese Fragen bei jeder einzelnen Säule. Wenn du Hilfe brauchst: Manchmal bringt dich der Rat und die Sichtweise eines Familienmitglieds oder eines Freundes weiter. Du darfst dir gerne und jederzeit die Unterstützung suchen, die du brauchst. Wenn du das Gefühl hast, alle Fragen so gut wie möglich beantwortet zu haben, dann betrachte zunächst einmal die Säule, die das geringste Selbstbewusstsein aufweist.

Lust zu lernen?

1. *Kannst du hier Unterschiede zu den anderen Säulen erkennen?*
2. *Woran kann es liegen, dass du speziell hier so unsicher bist?*
3. *Liegt es an gewissen Menschen oder an den Umständen?*
4. *Was kannst du ändern?*
5. *Helfen dir vielleicht Strategien, die du bei den anderen Säulen unbewusst anwendest? Wenn ja, wie sehen sie aus?*
6. *Welcher Part sorgt hier dafür, dass du klein bleibst?*

let's coach!

Wenn du dir die Säule genauer angesehen hast, bei der du besonders unsicher bist, betrachtest du als nächstes die Säule, bei der du am Selbstbewusstsein verspürst.

Lust zu lernen?

1. *Was ist hier anders?*
2. *Gibt es bestimmte Fähigkeiten, die du besitzt und hier anwendest?*
3. *Gibt es Strategien, Menschen oder Umstände die du auf die anderen Säulen übertragen könntest?*

let's coach!

Lass deine Erkenntnisse ein paar Tage ruhen. Kehre dann zu deinen Säulen zurück und definiere dein Ziel "Selbstbewusster werden" neu. Vielleicht hat sich dein Ziel bereits verändert. Halte dies unbedingt schriftlich fest! Wenn du möchtest, dann darfst du dir auch gerne für jede einzelne Säule ein eigenes Ziel aussuchen.

Wenn du das gemacht hast und mit deinem neuen Ziel oder möglicherweise mehreren neuen Zielen happy bist, dann schaue dir die Menschen in deinem Umfeld genauer an. Wo könnte es Menschen geben, die auf deine Veränderung nicht glücklich reagieren? Du kannst auch gerne wieder kurz deine Augen schließen und dich in dein Ziel hinein fühlen.

Lust zu lernen?

1. *Wie reagieren die Menschen in deinem Umfeld?*
2. *Wer unterstützt dich? Wer könnte überrascht reagieren?*
3. *Wer könnte Einwände gegen deine Veränderung haben?*

let's coach!

Manchmal kann man einen Zahn ziehen, bevor er schmerzt. Falls du bei einer Person in deinem Umfeld auf negative Reaktionen stoßen solltest oder Bedenken hast, dass es so kommen könnte, gibt es zwei verschiedene Varianten wie du damit umgehen kannst.

1. Hole die Person mit an Bord. Oftmals reagieren die Menschen negativ, weil sie selbst mit Veränderung nicht gut klarkommen und Angst haben, dass etwas passiert, was sie nicht kontrollieren können. Möglicherweise haben sie auch einfach Angst, dich zu verlieren. Häufig liegt es aber an einem anderen Grund. Die Beziehung zu anderen Menschen ist wie eine Waagschale gefüllt mit Wasser.

   Bewegt sich die eine Seite, muss die andere Seite diese Bewegung ausgleichen. Sprich: Wenn du dich veränderst, hat dein Gegenüber das Gefühl, sich auch verändern zu müssen. Und wir beide wissen ja, wie schwer es ist, sich dazu zu entschließen, sich selbst verändern zu wollen. Jetzt stelle dir mal vor, diese Entscheidung hätte jemand anders vor dir getroffen und für dich bestimmt, dass eine Veränderung jetzt an der Zeit ist. Ungutes Gefühl, oder? Du kannst es deinem Gegenüber sehr einfach machen, indem du ihn von vornherein mit ins Boot holst. Sei offen, ehrlich und trau dich! Mut wird hier sehr stark belohnt!

   Erkläre ihm, wie es dir vorher ergangen ist. Lass ihn teilhaben an deinen Gedanken und Emotionen. Erzähle ihm von diesem Buch und deinen Erwartungen und Hoffnungen diesbezüglich. Berichte deinem Gegenüber von deinem gewünschten Ziel und warum es für dich so wichtig ist, es zu erreichen. Meistens wird diese Offenheit mit sehr viel Begeisterung und Unterstützung belohnt und Unterstützung können wir ja alle gut gebrauchen. Vor allem, wenn wir uns etwas Großes vorgenommen haben. Durch dein Verhalten gibst du ihm nicht nur die Chance teilzuhaben, sondern auch dich dabei zu unterstützen und sich selbst aus freien Stücken mit zu verändern.

Wenn sie funktioniert, ist diese Variante bei weitem die bessere. Aber du wirst vielleicht auch schon den Gedanken gehabt haben, dass dieser Plan nicht bei allen Menschen in deiner Umgebung aufgeht. Insbesondere bei den Menschen, zu denen wir nicht das beste Verhältnis haben, wird dieses Vorgehen beinahe unmöglich. Und keine Sorge, das ist auch völlig in Ordnung, denn es gibt noch eine weitere Variante.

2. Es gibt Menschen, bei denen wir das Gefühl haben, dass wir nicht auf einer Wellenlänge mit ihnen sind und es gibt Menschen, die zwar in unserem Umfeld sind, die wir uns aber ganz bestimmt nicht so ausgesucht haben. Dummerweise reagieren solche Menschen aber ebenfalls auf uns, wenn wir uns verändern. Damit dich die Reaktion und die Bemerkungen von solchen Menschen nicht aus der Bahn werfen, bekommst du auch hier ein paar Selbstcoaching-Tipps an die Hand.

   Schlüpfe in Gedanken wieder in den Moment, in dem du dein Ziel erreichst und betrachte dich selbst etwas näher.

Lust zu lernen?

1. *Wie hast du dich persönlich verändert?*
2. *Wie hast du dich äußerlich sichtbar verändert?*
3. *Wie unterscheidet sich dein Verhalten zu vorher?*

let's coach!

Fühle dich richtig in deine zukünftige Persönlichkeit hinein. Und dann gehe als die neue Persönlichkeit in dein aktuelles Umfeld, beispielsweise ins Büro. Stelle dir vor, wie du das Büro betrittst, deine Arbeit erledigst und wie du nun mit deinen Mitmenschen umgehst.

Lust zu lernen?

1. *Wie hast du dich persönlich verändert?*
2. *Wie hast du dich äußerlich sichtbar verändert?*
3. *Wie unterscheidet sich dein Verhalten zu vorher?*

let's coach!

Lust zu lernen?

1. *Wie könnte dein Gegenüber reagieren?*
2. *Was ist das Schlimmste, was passieren kann?*
3. *Was könnte dein Gegenüber sagen oder tun?*
   3.
4. *Wie wahrscheinlich ist es, dass dies passiert?*
5. *Was passiert viel wahrscheinlicher?*
6. *Überlege dir Taktiken, wie du auf dieses Verhalten oder die Bemerkungen selbstbewusst reagierst!*

let's coach!

Vorbereitung ist alles! Wenn du gut vorbereitet bist, dann strahlst du das auch aus. Dein Gegenüber wird merken, dass du nur auf eine blöde Bemerkung von ihm wartest, und dies wird ihn total verunsichern. Er macht besonders dann den Mund auf, wenn er weiß, dass der schwächere Part sich nicht wehren kann. Auf einem starken Gegner hackt ein solcher Mensch nicht herum, das wäre ihm zu anstrengend und womöglich geht er als Verlierer daraus hervor. Das Wissen oder auch bloß das Gefühl, dass du etwas entgegnen kannst, dass du nicht schutzlos bist und dass du nicht mehr derselbe Mensch bist wie vorher, das alles verunsichert ihn. Das alles macht dich stark und diese Stärke strahlst du aus!

Puh, das war jetzt wieder ganz schön viel Stoff auf einmal zum Nachdenken. Nimm dir Zeit, um das gerade Gelesene erst einmal zu verdauen und zu verarbeiten. Es ist okay, wenn du dir hier die Zeit für eine kleine Pause nimmst. Das ist sehr selbstbewusst von dir!

Visionen:

Der magische Stern am Himmel deines Lebens, das, was dich immer wieder motiviert. Der Sinn deines Lebens, der Grund, warum du hier bist. An der Spitze der Pyramide wartet der wahre Selbstbewusstseins-Booster auf dich. Du kannst es dir wie einen leuchtenden Stern vorstellen, der dir den Weg weist. Ein Licht, das in deinem Inneren leuchtet, ganz hell. Eine Vision ist etwas Großes, etwas Gewaltiges und nichts, das du in mehrere Visionen aufteilen kannst und dann nacheinander erreichen kannst. Eine Vision ist größer und strahlender und kann dich überleben und andere Menschen anstecken. Eine Vision zu haben, ist unter anderem auch dafür wichtig, da sie unsere Ziele automatisch in dieselbe Richtung lenkt. Haben wir keine Vision, kann es sein, dass uns unsere Ziele in verschiedene Richtungen ziehen. Das Ergebnis wäre wieder Energieverlust.

Bist du ein Multiheld, dann ist die eigene Vision umso wichtiger für dich, denn anders als andere Menschen bewegst du dich viel öfter umher. Du änderst viel öfter die Richtung und suchst dir viel öfter neue Themen, Projekte und Aufgaben. Ohne Vision scheint es, als würdest du ziellos umherirren und oftmals ist es auch genauso. Hast du hingegen eine klare Vision, dann wechselst du in deinem Tun zwar immer wieder die Themen, aber du bewegst dich dennoch immer in die gleiche Richtung. Egal was du tust, du weißt, du kommst mit jedem deiner Schritte voran und gehst immer Richtung Ziel.

Deine Vision ist dein eigener Kompass, er gibt dir die Richtung des Weges vor. Dieser Kompass ist dein Wegweiser, damit du dich nicht aufgrund deiner Interessen und Begeisterungen verirrst.

Lass uns deine Vision herausarbeiten, damit du nicht mehr herumirren und Energie verschwenden musst.

Wenn du keine Sorgen mehr hättest, was würdest du für den Rest deines Lebens tun wollen? Was würdest du ohne Schwierigkeiten tun, wenn du es für den Rest deines Lebens machen müsstest? Was würdest du ohnehin tun, auch wenn du nichts dafür bekommen würdest?[4]

1. Wenn du dein Land verändern könntest, was würdest du verändern?

2. Was hat eine immense Anziehungskraft auf dich?

3. Was motiviert dich?

Die Fragen sollen dir als kleiner Anstupser dienen. Tatsächlich wird es für die wenigsten möglich sein, aus dem Stehgreif sofort eine Vision hervorzuzaubern. Wichtig ist, dass du dich mit diesen Fragen beschäftigst und mit offenen Augen und einem offenen Herzen durch deine Welt gehst. Bevor ich meine Vision gefunden habe, bin ich über einige andere Visionen gestolpert, die ich für meine eigenen hielt. Auch diese haben mir auf meinem Weg weitergeholfen, obwohl ich mich irgendwann von ihnen verabschiedet habe. Und wer weiß, vielleicht ist meine aktuelle Vision auch nur ein Wegbegleiter zu meiner wahren Vision.

"Meine Vision ist es, anderen Menschen dabei zu helfen, ihr Potenzial zu erkennen. In jedem Menschen steckt etwas Einzigartiges! Und in unserer heutigen Zeit muss sich keiner mehr klein und unbedeutend fühlen, nur weil die Lebensumstände nicht immer die besten waren oder gerade sind!"

---

[4] Meine Antwort darauf war, anderen Menschen helfen. Das werde ich mein Leben lang tun, egal ob ich was dafür bekomme oder nicht. Würde mir jemand sagen, ich dürfte ab heute nichts anderes mehr tun, dann wäre es für mich nicht mal eine Bestrafung. Ein großartiger Mensch beantwortete diese Frage mit Sprechen. Egal was kommt, reden wird er immer! Als er das erkannt hat, gewann er viel Klarheit für sein Leben. Heute ist er einer der Top Speaker und steht auf großen Bühnen. Setzt dich nicht unter Druck diese Frage zu beantworten, so eine Frage braucht Zeit - also gönn sie dir.

Hallo Veränderung und ade Komfortzone!

#ichliebemeinekomfortzonedaistesimmerkuschelig

“Puh, das hört sich ja alles ganz spannend an, aber auch nach viel Arbeit und viel Veränderung, die mit der Selbstbewusstsein-Pyrmadie einhergehen. Ob ich da nicht auf halber Strecke irgendwo hängen bleibe?” - vielleicht hast du dir diese Frage schon gestellt oder sie schwebt noch immer in deinem Kopf herum?

Mit unserer großen Portion Unsicherheit fühlen wir uns in unserer Komfortzone noch am sichersten und bequemsten. Ein wirklich großer Teil würde sich gerne dort einkuscheln und verkriechen! Und jetzt komme ich mit diesem Buch und will dich da rauslocken. Anstrengend. Vor allem, da man ja gelernt hat, dass das Unbekannte für das Selbstbewusstsein nicht immer ganz förderlich ist. Hach ja, und schon ist er eingetreten, der Stillstand. Und wenn er bei dir jetzt nicht da ist, dann wird er sicherlich irgendwann kommen: Der Moment, in dem dir die ganze Veränderung zu viel wird und du schleunigst wieder in deine Komfortzone zurückgekrochen kommst. Damit du für diesen Moment gewappnet bist, gebe ich dir dieses Kapitel mit auf den Weg.

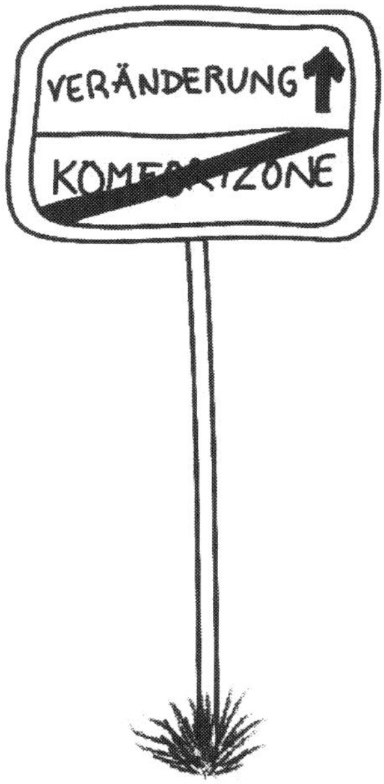

Jetzt erst einmal zu den knallharten Fakten: Wenn du dich aus deiner Komfortzone wagst, dann kommt dir sehr viel Neues entgegen. Neues kann das Selbstbewusstsein am Anfang ausbremsen, umso wichtiger ist es mir, vorwegzunehmen, dass dies nicht so bleiben muss. Denn du bist dazu in der Lage dazuzulernen und das ist klasse! Die Antwort auf die Frage, wie du aus deiner Unsicherheit Selbstbewusstsein ziehen kannst, lautet: Durch Flexibilität! Sie ist die Lösung, um aus unserem Teufelskreis auszubrechen. Und keine Sorge, die kann man erlernen.

Wenn wir wenig Selbstbewusstsein haben, sind wir unsicher. Wenn wir unsicher sind, haben wir Angst vor Neuem. Wenn wir Angst vor Neuem haben, machen wir viele Fehler. Wenn wir Fehler machen, sinkt unser

Selbstbewusstsein. Sinkt unser Selbstbewusstsein, werden wir unsicher - eine Abwärtsspirale.

Mit Flexibilität ziehen wir die Handbremse und können diesem Teufelskreis entfliehen. Gelernte Flexibilität sorgt für Sicherheit und wie wir bereits erfahren haben, bedeutet Sicherheit Kontrolle. Wenn wir die Kontrolle haben, fühlen wir uns selbstbewusst.

Wenn du lernen möchtest, flexibler zu werden, dann verlasse deine Komfortzone. Lass es zu deiner Normalität werden, außerhalb deiner Komfortzone zu leben. Das packst du, indem du am Anfang einmal die Woche an einen Ort gehst, an dem du noch nie zuvor gewesen bist. Jedes Mal, wenn dir das Leben eine Herausforderung schenkt, die dich aus deiner Komfortzone lockt, ärgere dich nicht. Lass das Kind in dir raus, das neugierig voranschreitet und die Dinge erkunden möchte, statt sich von ihnen abzukehren.

Verändere deinen Tagesablauf! Gehst du immer montags einkaufen und machst mittwochs Sport? Dann verändere diesen Rhythmus.

Sitzt du während des Essens immer auf dem rechten Stuhl? Wechsle den Platz. Putzt du deine Zähne immer mit der rechten Hand? Dann benutze mal die linke Hand. Dein gesamter Alltag findet in deiner Komfortzone statt. Das merkst du ganz deutlich, wenn du einfach mal in einem anderen Laden deine Lebensmittel einkaufen gehst. Du wirst vermutlich dreimal so lange brauchen und sehr entnervt heimkehren. Versuche es und nimm die Rolle des Beobachters ein. Beobachte dich und dein Verhalten, deine Reaktionen, Gedanken und Gefühle dabei wie ein

Fremder. Du wirst einige erstaunliche und aufschlussreiche Beobachtungen machen.

Wenn du das alles geschafft hast, kannst du zur nächsten Stufe übergehen.

Wovor hast du Angst? Und du wirst es dir schon denken können: Stelle dich deiner Angst, tu es! Ich habe beispielsweise Angst davor, alleine in einem Restaurant zu sitzen. Wenn du deiner Angst in die Augen schaust, dann wirst du merken, dass sie nur in deinem Kopf existiert. Ich habe mich meiner Angst gestellt und festgestellt: Im Restaurant wird mich keiner beißen und es werden auch nicht alle anderen Menschen zu mir kommen und mich dafür bemitleiden, dass ich keine Freunde habe und niemand mit mir essen mag. Du magst das vielleicht albern finden, aber so hat jeder seine eigenen Ängste. Übrigens muss man nicht gleich riesig anfangen. Du kannst kreativ sein und in kleinen Schritten vorangehen. Ich habe es zum Beispiel erstmal mit einer Dönerbude versucht ;)

Hier noch einmal der Überblick:

Lust zu lernen?

1. ***Schritt:*** *Verabschiede dich von deiner Komfortzone und blicke neugierig dem Neuen entgegen.*

2. ***Schritt:*** *Suche dir regelmäßig Orte, an denen du noch nicht gewesen bist.*

3. ***Schritt:*** *Verändere bewusst deinen Alltag.*

4. ***Schritt:*** *Heiße deine Ängste willkommen und schaue sie dir aus nächster Nähe genau an.*

let's coach!

Sei bitte nicht frustriert, wenn dich diese Übungen zu sehr fordern und du vielleicht das ein oder andere Mal pausieren musst. Du bist ein Mensch und keine Maschine! Übung macht den Meister und es ist bekanntlich noch keiner einfach so vom Himmel gefallen. Flexibel zu sein, kann eine Gewohnheit werden und wie es mit Gewohnheiten so ist, sind sie irgendwann kinderleicht.

Hast du ein Zwiegespaltenes Verhältnis zu Veränderungen?

Bist du einerseits froh, weil etwas Neues kommt. Es sich abenteuerlustig anfühlt und dich neugierig werden lässt? Hast du keine Lust auf Langeweile und freust dich über frischen Wind? Andererseits liebst du aber auch die Beständigkeit. Würdest am liebsten alles beim Alten lassen, denn zu viele Veränderungen lösen bei dir Unbehagen aus. Du hast das Gefühl, nicht mehr mitzukommen, dich zu langsam an etwas Neues zu gewöhnen, bevor es sich schon wieder verändert hat.

Hochsensible Multihelden haben genau diese zwei Seelen in ihrer Brust, die ständig dafür sorgen, dass sie sich unwohl und unzufrieden fühlen. Zu viel Veränderung bedeutet Überforderung, zu wenig Veränderung bedeutet Langeweile.

Wie kann man mit zwei Seelen in der Brust glücklich werden? Man setzt beide an einen Tisch und schaut, dass keiner zu kurz kommt. Sprich, geht es dir genauso, dann schau, dass beide Seiten zum Zug kommen. Verändert sich gerade sehr viel in deinem Leben, schaffe Orte und Phasen, wo es keine Veränderung gibt und genieße sie. Genauso auch anders herum. Gibt es zu wenig Veränderung in deinem Leben, dann verändere die Dinge bewusst um neuen Schwung in dein Leben zu bekommen.

Es geht nicht darum, sich für eine Seite zu entscheiden, sondern viel eher darum, die perfekte Mischung für sich zu finden. Finde heraus wie viel Veränderung dir gut tut. Achte mal darauf, wann es dir langweilig wird und du das Bedürfnis nach Veränderung verspürst.

Selbstwirksamkeit - Kannst du die Dinge in deinem Leben verändern?

#lassmalselberwirken

Jetzt, wo du weißt, was Veränderung genau bedeutet und wie du es schaffst, aus deiner Komfortzone zu kommen, geht es gleich weiter ans Eingemachte. In diesem Kapitel kannst du dein neu erlerntes Wissen gleich anwenden, denn es geht nicht nur darum, dich selbst zu verändern, sondern auch die Dinge in deiner Umgebung, Zu Hause, auf der Arbeit oder in deinen Beziehungen.

Der Glaube daran, die Dinge zu verändern, sie bewegen zu können. Etwas steuern, leiten oder lenken zu können, das macht uns stark und selbstbewusst. Wir reden hier über die Selbstwirksamkeit, also die Frage, ob und wie viel du in deinem eigenen Leben selbst bewirken kannst. Viele Menschen, die sich über fehlendes Selbstbewusstsein beklagen, haben in ihrem Leben kaum Selbstwirksamkeit erfahren. Wie selbstbewusst kannst du werden, wenn gefühlt nichts in deiner eigenen Hand liegt? Wir betrachten in dieser Hinsicht dein Privatleben und dein Berufsleben. Das private Leben, weil es am wichtigsten ist und das berufliche Leben, weil es bei einer Vollzeitstelle die meiste Zeit in Anspruch nimmt.

Darfst du bei dir auf der Arbeit selbst etwas in die Hand nehmen und so formen und verändern, wie du es möchtest? Oder gibt es jemanden, der dir alles vorgibt und dich komplett einschränkt? Darfst du deine Arbeitsabläufe selbst definieren, darfst du entscheiden, welche To-Dos am wichtigsten sind und dringend gemacht werden müssen? Darfst du dir deine Aufgaben selbst aussuchen und sie verändern? Sprich: Darfst du auf deiner Arbeit frei agieren und von deinen Mitmenschen Respekt und Anerkennung ernten?

Nimm dir auch für diese Fragen einen Moment Zeit. Denn in einem beruflichen Umfeld, in dem du nicht wirken darfst, kannst du auch kein gesundes Selbstbewusstsein aufbauen. Falls du in diesem Moment zu der Erkenntnis gelangen solltest, dass du in deinem beruflichen Umfeld nicht selbstwirksam sein darfst, dann gilt es, dir folgende Frage zu beantworten: Möchtest du mehr Selbstbewusstsein bekommen?

Wenn du diese Antwort klar mit ja beantworten kannst (und da du bis hier am Ball geblieben bist, gehe ich stark davon aus), dann versuche, dein berufliches Umfeld so zu gestalten, dass du frei wirken darfst. Das kann am Anfang in kleinen Schritten geschehen, wenn dir das lieber ist. Falls du merken solltest, dass es bedingt durch äußere Umstände nicht möglich ist, die Selbstwirksamkeit in deinen Arbeitsalltag zu integrieren, dann solltest du dir schleunigst einen neuen Arbeitsplatz suchen. Denn dann hast du gerade einen sehr großen Selbstbewusstseins-Killer in deinem Leben gefunden.

Du bist etwas Besonderes, lass dich nicht klein halten, nur damit andere neben dir größer wirken können.

Das Gleiche betrifft auch deine private Umgebung. Wenn du in einer Beziehung bist: Darfst du dich, deine Vorstellungen, Wünsche und Erwartungen in den Alltag integrieren? Darfst du auch mal das Ruder in die Hand nehmen und bestimmen, wo es lang geht? Gestaltest du euren Alltag mit oder übernimmt das gänzlich dein Partner? Wie viel Raum gibt er dir und deiner Person zur Entfaltung? Meistens ist einer der Partner der etwas dominantere. Frage dich, ob du manchmal etwas zu kurz kommst. Die gleichen Fragen stelle dir bitte auch in Hinblick auf deine Freunde. Oftmals sind ehemalige Schulfreunde, die man schon seit Jahren hat und die schon immer da sind, kleine Selbstbewusstseins-Killer.

Man hat das Verhalten oder die Beziehung niemals hinterfragt, weil sie gefühlt schon immer da waren. Falls du auch hier wieder das Gefühl haben solltest, dass du nicht selbst wirken darfst und auch keinen Schritt in diese Richtung gehen kannst, dann suche zunächst einmal das Gespräch und rede über deine Bedürfnisse. Oftmals ist das Gegenüber überrascht und verständnisvoll. Sollte dies nicht der Fall sein, dann habe bitte keine Angst, hier eine Entscheidung zu treffen. Es nützt nichts, wenn du dein Selbstbewusstsein mühevoll immer wieder aufbaust, aber den Hammer, der es immer wieder klein schlägt, dort zu lassen, wo er ist.

Du bist niemals allein, es gibt so viele wunderbare Menschen da draußen, die sich über dich freuen würden. Nur wer beide Hände frei hat, kann etwas Neues annehmen. Und denke immer daran: Was du ausstrahlst, das ziehst du an! Wenn du die SB-Killer aus deinem Leben entfernt hast, dann laufe bitte nicht durch die Gegend mit den Gedanken "Ohje, ich finde doch bestimmt eh keinen mehr" oder "Jetzt bin ich für immer allein, mich mag ja eh keiner". Werde dein eigener Glücksmagnet und hole dir die wunderbaren Menschen in dein Leben, die du wirklich verdient hast.

Multihelden verhalten sich, was die Selbstwirksamkeit betrifft, etwas anders als andere Menschen. Sie tragen so eine große Neugierde und Begeisterungsfähigkeit mit sich rum, wollen lernen und wachsen. Diese und noch viele weitere wundervollen Eigenschaften machen sie sehr feinfühlig für das Thema Selbstwirksamkeit. Denn sie sind von ihren inneren Impulsen viel stärker geleitet. Widersetzen sie sich dauerhaft ihren Impulsen, werden sie sehr schnell unglücklich und irgendwann krank. Damit sie ihrer natürlichen Multihelden-Natur nachkommen und tiefe Erfülltheit und Glück empfinden können, brauchen sie Selbstwirksamkeit in ihrem Leben und besonders in ihrem beruflichen Alltag. Je fremdbestimmter sie in ihrem Alltag agieren müssen, desto stärker wird ihre natürliche Neigung ständig mitdenken, optimieren und lernen zu wollen, behindert.

Bist du ein Multiheld, so ist es für dich besonders wichtig, dieses Kapitel zu beherzigen.

Selbstbewusstsein ist die Frage nach dem wie, die Selbstwirksamkeit ist das womit. Haben wir es geschafft, Selbstwirksamkeit in unser Leben zu integrieren, dann haben wir das Gefühl, Erfolg zu haben und mehr Lebensfreude.

Wie kannst du aus deiner Selbstwirksamkeit Kraft ziehen, egal ob du aktuell ein sehr selbstwirksames Umfeld hast oder nicht?

STAR

Du kannst in jedem Fall ganz viel Selbstbewusstsein aus all den Situationen ziehen, in denen du in der Vergangenheit selbstwirksam warst. Dafür machen wir eine kleine Erfolgs- und Stärken Analyse. Die Abkürzung S T A R hilft dir dabei. Um die Übung machen zu können, denke bitte an ein vergangenes Erlebnis in dem du selbstwirksam sein konntest.

S

Situation - Wie war die Ausgangssituation?

T

Task - Was war die Aufgabe/Herausforderung?

A

Action - Was hast du konkret unternommen?

R

Result - Welches Ergebnis konntest du erzielen?

Bitte Beantworte all diese Fragen so ausführlich wie möglich. Sie sind wichtig für den nächsten Schritt:

Frage dich, WIE du genau vorgegangen bist. Welche Strategie und Vorgehensweise hattest du? Beschreibe die Art und Weise deines Verhaltens. Welche deiner Fähigkeiten hast du dir zunutze gemacht? Welche internen und externen Ressourcen haben dir geholfen? Kannst du deine Verhaltensstrategie, deine Ressourcen, Fähigkeiten und Eigenschaften in deine aktuelle Situation transferieren?

DIE VERSCHIEDENEN ARTEN VON SELBSTBEWUSSTSEIN

Die Sache mit der Langfristigkeit

#lasskurzfristigmachenistnichtsoanstregend

Ist dir aufgefallen, dass man sich durchaus Selbstbewusstsein kaufen kann? Fahre mal mit einem fetten Porsche durch die Stadt. Derbe gesagt: Da habe selbst ich als Frau dicke Eier. Wenn man von Kopf bis Fuß in Designerklamotten gekleidet ist, fühlt man sich definitiv anders, als mit Stangenware oder KIK-Klamotten. Doch sind wir dadurch selbstbewusst oder blasen wir bloß unser Ego auf?

Die Mehrheit von uns lebt in Zeiten des Friedens, des Wohlstands und des Überflusses. In einer Welt, in der wir alles erreichen könnten. Theoretisch. Doch genau das lässt uns unsicher werden. Wenn die Stärke nicht von innen kommt, weil wir nicht um sie wissen, dann suchen wir sie automatisch im Außen. Und da ist es sehr verlockend, sich einfach mit Geld eine schicke Designeruhr und somit ein bisschen Selbstbewusstsein zu kaufen.

Doch jeder, der dies schon getan hat, wird merken, dass dieses beflügelnde Gefühl und das scheinbare Selbstbewusstsein nach einer Weile verpuffen und zurück bleibt eine Lücke, die zuvor noch mit einem großartigen Gefühl gefüllt war. Anders aber ist es, wenn wir etwas erreicht haben, wie zum Beispiel einen Abschluss, eine schwere Prüfung oder die Lösung einer kniffligen Herausforderung. Je schwerer die überwundene Hürde, desto größer der Wert für uns und unser daraufhin entstehendes Selbstbewusstsein.

Wenn dir dieser kleine Unterschied bereits aufgefallen ist: Herzlichen Glückwunsch! Vielen bleibt diese Erkenntnis auf ewig verwehrt, doch du konntest den Unterschied spüren zwischen langfristigem und kurzfristigem Selbstbewusstsein.

Wer oder was bestimmt eigentlich, ob das ein kurzfristiges oder ein langfristiges Selbstbewusstsein ist? Ist es immer nur eine Frage des Geldes? Oder wie viel Schweiß geflossen ist? Der eigentliche Unterschied ist nicht sichtbar und liegt quasi beim Menschen selbst. So kann jemand sich sehr wohl einen Porsche kaufen und damit ein langfristiges Selbstbewusstsein bekommen. Der Unterschied liegt in unserer Einstellung:

Hier ein Beispiel: Nehmen wir mal an, ein Mann will unbedingt ein Haus haben. Er verbindet "Haus haben" mit Wohlstand und Reichtum und beides möchte er haben. Doch schon bald nachdem er das Haus gekauft hat, hat er sich an seinen neuen Besitz gewöhnt, er hat sich an das Haben gewöhnt und er wird sich schon bald nach etwas Neuem sehnen, das er haben möchte.

Anders verhält es sich, wenn er das Haus kauft, weil er gerne Hausbesitzer sein will. Er hat durch den Kauf sein SEIN, sein ICH-Gefühl verändert und egal, wie lange er dieses Haus schon hat, das neue Sein nutzt sich nur schwer ab, denn es ist ein Teil seiner Identität und seiner Zugehörigkeit geworden. Er gehört zu den Menschen, die Hausbesitzer sind, und deshalb braucht er nicht nach zwei Jahren wieder etwas Neues, um sein Selbstbewusstsein aufzufrischen.

Es ist eine Frage der Einstellung. Dieses Beispiel soll dir noch einen anderen wichtigen Aspekt aufzeigen. Was wird wohl passieren, wenn der neue, glückliche und aktuell selbstbewusste Hausbesitzer sein Haus verliert?

Geliehenes oder eigenes Selbstbewusstsein?

#lassmalselbstbewusstseinklauengehtschneller

Wenn dir eine Marke, ein Beruf oder ein Besitz Selbstbewusstsein gibt, dann handelt es sich meistens um ein geliehenes Selbstbewusstsein, denn sobald die Marke, der Beruf oder der Besitz nicht mehr vorhanden ist, verabschiedet sich auch dein Selbstbewusstsein, das du daraus gezogen hast. Erinnere dich an das Kapitel mit dem geerbten Selbstbewusstsein, es war im Grunde auch nichts anderes als geliehenes Selbstbewusstsein.

Im Unterschied dazu kann dir dein eigenes Selbstbewusstsein nicht so leichtgenommen werden, da es an nichts Externes gekoppelt ist. Natürlich ist eigenes Selbstbewusstsein auf den ersten Blick viel wertvoller als Geliehenes, doch hier geht es weniger um die Bewertung, als um das Wissen darum. Auch geliehenes Selbstbewusstsein kann sehr wertvoll sein, wenn du weißt, wie es funktioniert. Musst du eine riesige Präsentation vor sehr vielen Menschen halten, kann es sehr hilfreich sein, wenn du dich beispielsweise mit geliehenen Designerklamotten von Mama oder Papa ein bisschen aufpimpst.

Du fühlst dich selbstsicherer und rockst die gesamte Präsentation, da du weißt, welches Bild du auf der Bühne abgibst. Anschließend gibst du das geliehene kurzfristige Selbstbewusstsein an deine Eltern zurück. Wohlwissend, dass DU gerockt hast und die Klamotten lediglich ein kleiner Pusher waren. Aus dem Erlebnis selbst kannst du nun langfristiges eigenes Selbstbewusstsein ziehen, denn du bist ausgestattet mit allen Fähigkeiten, um eine gute Präsentation vor vielen Menschen zu halten. Wenn du weißt, wie es funktioniert, dann kannst du dich gezielt selbst coachen.

Es gibt Momente, in denen wir unsicher sind oder es zu sein glauben. Hast du ein wichtiges Meeting, triffst dich zum ersten Mal mit deinen Schwiegereltern, musst du eine bedeutende Präsentation halten?

In solchen Momenten dürfen wir uns gerne ein bisschen Selbstbewusstsein leihen! Denn es ist unser Leben und wir dürfen es uns so angenehm wie möglich schummeln. Schummel dich glücklich, so hätte das Kapitel eigentlich heißen sollen. Wichtig ist dabei nur: Nutze geliehenes Selbstbewusstsein, um eigenes Selbstbewusstsein aufzubauen. Wenn du allein auf geliehenes Selbstbewusstsein setzt, birgt dies immer die Gefahr, alles zu verlieren. Am besten fährst du mit einem gesunden Mix aus kleinen geliehenen Schüben, die es dir vereinfachen, langfristig eigenes Selbstbewusstsein aufzubauen, das nicht so schnell wieder verfliegt.

Kennst du Menschen, die besonders viele Fachwörter benutzen? Betrachte bitte mal diese Menschen und deren soziales Umfeld. Insbesondere auf der Arbeit funktioniert das prima. Falls dir aktuell niemand einfällt, denke zurück an deine Schulzeit und wie die Lehrer auf solche Menschen reagiert haben. Auf der Arbeit und in der Schule ist es besonders gut zu erkennen. Ich konnte insbesondere während meiner Schulzeit beobachten, dass die Schüler, die viele Fremdwörter oder Fachbegriffe verwendeten, von den Lehrern anders behandelt wurden. Diese Menschen mit einem aktiven Wortschatz voller Fachwörter werden von anderen Menschen respektvoller behandelt und automatisch als gebildeter betrachtet. Du siehst: Auch in der Sprache kann man geliehenes Selbstbewusstsein integrieren. Du kannst es gerne bei dir selbst testen. Sprich auf der Arbeit mit mehr Fremdwörtern und Fachbegriffen in Gegenwart deines Chefs und deiner Kollegen und beobachte.

Es gibt Menschen, die diese Erkenntnis in sich tragen und sich ganz in dieser sprachlichen Welt verstecken, sowie sich allein darüber definieren. Falls dir so jemand über den Weg laufen sollte: Vorsicht! So jemand wirkt meistens sehr selbstbewusst, hinter der Fassade ist er allerdings sehr unsicher. Sei insbesondere mit kritischen Äußerungen vorsichtig, denn diese werden von Menschen mit Schein-Selbstbewusstsein schnell persönlich genommen und können dein Gegenüber tief verletzen. Wenn du also auf einen solchen Menschen triffst, nimm dir lieber einen Moment länger Zeit, ihn richtig einzuschätzen.

Wenn wir etwas auf Facebook posten oder ein Bild bei Instagram hochladen, dann sorgt das nachweislich auch für geliehenes kurzfristiges Selbstbewusstsein. Wir veröffentlichen und präsentieren einen ausgewählten Moment unseres Lebens und vermitteln das von uns gewünschte Bild unseres Lebens. Du ahnst es sicher schon: das kann eine schöne begleitende Maßnahme sein, wird aber dann gefährlich, wenn es die einzige Quelle für unser Selbstbewusstsein darstellt.

Zum Abschluss möchte ich ein Beispiel für die gefährlichste Form des Selbstbewusstseins geben.

Kennst du auch das Phänomen hart schaffender Männer, die ihr Leben lang nur gearbeitet haben, sich aber öffentlich immer auf die Rente gefreut haben? Und dann kaum ist die Rente da, werden sie schwach, krank oder sterben gar. Es ist ein sehr trauriges Beispiel, aber es zeigt sehr deutlich den gravierenden Unterschied.

Betrachten wir beispielsweise einen Polizeioberkommissar: Hätte dieser Mann einen Job als Polizist einfach geHABT, so wäre die Veränderung beim Übergang in die Rente eine kleinere gewesen. Aber er ist über die Jahre hinweg irgendwann mit seinem Job verschmolzen und WAR schlicht und ergreifend nichts anderes als Polizeioberkommissar. Als er dann in den Ruhestand übergegangen ist, hat er seine Identität verloren. Wie konnte das passieren? Der Beruf des Polizeioberkommissars verleiht seinem Träger Autorität in der Gesellschaft, da der Beruf bei den meisten sehr hoch angesehen wird. Hierbei handelt es sich um ein geliehenes Selbstbewusstsein. Der Oberkommissar hat ein geliehenes Selbstbewusstsein zu seinem SEIN gemacht. Als er seinen Job aufgegeben hat, hat er das geliehene Selbstbewusstsein abgegeben und damit auch einen großen Teil seiner Identität. Das geliehene Sein-Selbstbewusstsein kann sehr heimtückisch sein, denn dadurch, dass es nicht so schnell vergänglich wie Haben-Selbstbewusstsein ist, hinterfragt man es oft nicht. Da es an etwas Externes gekoppelt ist, kann es aber schlagartig wegbrechen - und wenn man sonst nichts hat, ist das der direkte Weg in eine handfeste Krise.

Dieses Beispiel soll euch nicht abschrecken oder euch Angst davor machen, wie mächtig der Unterschied zwischen dem langfristigen Sein-Selbstbewusstsein und dem eigenen Selbstbewusstsein ist, sondern euch einfach für die verschiedenen Arten des Selbstbewusstseins sensibilisieren. Je besser ihr es identifizieren könnt, desto weniger kalt könnt ihr diesbezüglich von Schicksalsschlägen oder einschneidenden Veränderungen in eurem Leben erwischt werden.

Das weibliche und das männliche Selbstbewusstsein

#jetztmobbtsieregenwürmerweilgeschlechtslosverstehste

Ob du es glaubst oder nicht, aber das Selbstbewusstsein kann sich auch geschlechtlich voneinander unterscheiden. Während wir Frauen Kraft in unserer Weiblichkeit finden können, finden die Männer Kraft, in ihrer Männlichkeit. Homosexuelle Menschen oder Transgender finden ihre Kraft oftmals auch im gegenteiligen Geschlecht, oder verstehen es gar beide zu verbinden.

Gar nicht so leicht in der heutigen Zeit, bei der von Männern oft ihre weibliche Seite abverlangt wird und von den Frauen gerade im Berufsleben immer mehr das Mannsein. Viele Menschen ziehen aus dieser Geschlechtsanpassung ihre Kraft, andere wiederum tun sich mit dieser Erwartungshaltung schwer. Insbesondere von Frauen in Führungspositionen wird ein männlicher Führungsstil erwartet. Oftmals erkennbar auch an der Kleidung und der Frisur. Der gegenläufige Trend ist bei den Hausmännern zu erkennen. Die Aufgabe an sich ist klasse, aber auf dem Spielplatz nur zwischen Frauen mit ihren Frauengesprächen, da fühlt sich Mann oftmals nicht wohl und vor allem nicht männlich genug.

Wichtig hier, es geht nicht um die Bewertung oder das Urteil der eigenen Rolle, sondern um das Wissen einer Kraftquelle. Hast du das Gefühl, dass deine Weiblichkeit im Leben untergeht, kannst du Selbstbewusstsein steigern, indem du deine Weiblichkeit förderst und in ihr Kraft findest. Dasselbe gilt für den Mann: Fühlst du dich in der heutigen Gesellschaft nicht männlich genug, kannst du dein Selbstbewusstsein fördern, indem du deiner Männlichkeit Kraft gibst. Wichtig zu wissen, es gibt hier kein Schwarz und kein Weiß. Richtig ist, was sich gut anfühlt. Viele Menschen fühlen sich in den verschiedenen Grautönen am wohlsten. Schau dir zum Beispiel Conchita Wurst an.

Das innere und das äußere Selbstbewusstsein

#warinnerlichshoppenbinjetztselbstbewusst

Während wir uns im bisherigen Buch dem inneren Selbstbewusstsein gewidmet haben, soll es in diesem Kapitel nun um das äußere Selbstbewusstsein gehen. Das Wichtigste hier ist, dass das innerste Selbstbewusstsein dein Fundament ist, welches das äußere trägt und stützt. Wenn du ein gesundes inneres Selbstbewusstsein aufgebaut hast, strahlt das nach außen und dieses Strahlen gilt es ins rechte Licht zu rücken und noch mehr strahlen zu lassen. Was ist das Erste, was du von einem anderen Menschen wahrnimmst?

Das äußere Erscheinungsbild

Bevor der andere den Mund aufgemacht hat, haben wir schon ein Bild von ihm geschaffen. Die Frage ist, was möchtest du für ein Bild bei deinem Gegenüber hinterlassen? Was sagen deine Haare über dich aus? Sind sie gepflegt, stylisch oder einfach nur da? Wie ist deine Körperhaltung? Wackelst du die ganze Zeit rum und kannst kaum stillstehen? Sind deine Schultern nach vorne und unten gezogen, sodass du Unsicherheit ausstrahlst?

Wohin ist dein Blick gerichtet? Sind deine Zähne gepflegt? Wie sieht dein Klamottenstil aus? Ist dein Stil zu erkennen? Kleider machen Leute heißt es nicht ohne Grund, denn Kleider drücken eine Message aus. Welche Message ist die deine? Wenn du glaubst, dieser Punkt sei irrelevant, dann ziehe dir mal einen Anzug oder ein schickes Kleid an und gehe damit einkaufen, in ein Restaurant oder den ganzen Tag shoppen. Du strahlst etwas anderes aus.

Du wirst auch anders von den Menschen behandelt, dadurch bekommst du ein anderes Gefühl für dich. Falls du bei diesem Punkt möglicherweise unsicher wirst, auch hier gilt wieder die Veränderung muss nicht von heute auf morgen ein krasser Umbruch sein, mach es in deinem Tempo und die oberste Regel: Mache nur Dinge, die dir Spaß bereiten! Falls du Hilfe bei der Auswahl brauchst: Es gibt viele Shopping Portale im Netz, die Stilberatungen anbieten.

Die Sprache

Auch hier kannst du eine Menge für dein Selbstbewusstsein tun. Ist deine Stimme kräftig und laut oder zart und leise? Redest du überhaupt, oder nur wenn du gefragt wirst, traust du dich deine Meinung zu sagen? Sprichst du klar oder nuschelst du in deinen Bart? Redest du oft um den heißen Brei oder kommst du schnell zum Punkt. Hier ist tendenziell nichts falsch, du sollst nur Wissen, dass all die aufgezählten Dinge eine Wirkung haben und ob du diese Wirkung ausstrahlen möchtest oder nicht. Redest du hochdeutsch oder mit einem starken Dialekt? Redest du bis zum Ende oder lässt du am Ende die Sätze offen?

Die fünf Sinne

Dein Gegenüber nimmt dich über all seine Sinne war. Also frage dich, wie du auf die verschiedenen Sinne wirken könntest. Die letzten beiden Punkte haben das visuelle und das auditive Erscheinungsbild näher betrachtet. Doch wie sieht es bei den anderen Sinnen aus. Bist zu zum Beispiel Masseur, Krankenschwester, Vertriebler oder Altenpfleger von Beruf oder hast einen anderen Beruf, bei dem du immer mal wieder Körperkontakt hast? Überprüfe, wie du kinästhetisch auf dein Gegenüber wirken könntest. Das heißt, was er von dir über Berührungen wahrnehmen kann. Frage dich, wo du Körperkontakt mit anderen Menschen hast und wie du auf sie wirken magst.

Das Ganze gilt auch bei den olfaktorischen Reizen, das heißt für den Geruchsinn deines Gegenübers. Fühlt man sich selbstbewusst, wenn man befürchtet das man schon am Muffeln ist? Nein! Denn du fühlst dich unwohl und dein Fokus und deine Aufmerksamkeit sind auf einen persönlichen Makel ausgerichtet.

Kennst du den Moment, wenn du eigentlich ein ziemlich interessantes Gespräch mit einem lieben Menschen hast, aber dieser hat leider fürchterlichen Mundgeruch? Du fühlst dich unwohl und bist mit deiner Aufmerksamkeit woanders. Dies merkt dein Gegenüber und bezieht es auf sich persönlich. Gibt es vielleicht Situationen, in denen du derjenige bist, der bei anderen Menschen Unbehagen auslöst und du das bisher immer auf dich persönlich bezogen hast? Frage dich, was andere Menschen geruchlich, also olfaktorisch, von dir mitnehmen könnten. Bist du ein Mensch der sehr viel schwitzt oder öfter mal Mundgeruch hast? Dann Deo und Kaugummi in die Tasche.

Wofür stehst du? Wer bist du?
Wer bist du und kann das jeder sofort erkennen? Hier können wir uns psychologisch ein paar Tricks aus der Werbung klauen. Jedes Produkt braucht seine eigene ganz besondere Positionierung und diese muss auch klar erkennbar nach außen kommuniziert werden. Was ist das genau für ein Produkt, was kann es, was macht es besonders, wo unterscheidet es sich von anderen Produkten? Für dich übersetzt heißt das in etwa: Wer bist du und wofür stehst du?

Unser Gehirn fasst zusammen, bündelt Informationen und verteilt quasi alles in Schubladen. Auch die Menschen, mit denen wir uns tagtäglich umgeben. Ob du willst oder nicht, du landest bei deinem Gegenüber in einer Schublade. Kann dein Gehirn dein Gegenüber nicht einschätzen und somit auch nicht einsortieren, fühlt es sich unbehaglich und unwohl. Und genau das passiert auch in dem Gehirn deines Gegenübers. Das Gute, du kannst steuern, in welche Schublade du kommen möchtest. Dafür musst du nichts anderes tun als präzise gezielte Informationen mit zu teilen. Dein Gegenüber möchte herausfinden, WER genau du bist um dich einzuordnen, also hilf ihm dabei.

Also wer bist du? Für diese Art der schnellen Positionierung ist das sogar relativ einfach.
Was magst du? Was nicht?
Was kannst du? Was kannst du nicht?
Welche Hobbys hast du?
Hobbys mag das Gehirn immer besonders gerne, denn es besitzt schon eine eigene Schublade, für all die Menschen, die dieses Hobby ausüben. Das könnte zum Beispiel so aussehen:

„Du bist die Yoga-Dame die Schuhe liebt, die Angst vor Aufzügen hat, super gerne organisiert und mit Technik so gar nicht umgehen kann."

ODER

„Du bist das Computer-Genie, das Ananas aus der Dose liebt und früh aufstehen so gar nicht leiden kann. Ein Mensch, der zu jedem Problem eine Lösung weiß, aber absolut nicht kochen kann und, wenn er niesen muss, immer fünf Nieser hintereinander raushaut."

Zack Schublade auf und rein mit dir. Suche dir also aus, wohin du gehören möchtest. Verwende auch liebevolle Macken von dir, die sind besonders einprägsam und gerne gesehen. Und nun musst du nichts anderes tun, als das immer wieder zu kommunizieren. Das kann nonverbal und verbal geschehen. Aber bitte mit Fingerspitzengefühl. Laufe jetzt nicht durch die Gegend und erzähle jedem alle fünf Minuten, dass du Uhren liebst und gerne Fahrrad fährst.

Lass diese Informationen in Nebensätzen fallen, das könnte z.B. so aussehen:

"Mein Rücken zickt schon wieder, gut das heute Abend Yoga ist."
"Ich muss heute pünktlich Feierabend machen, damit ich es noch zum Sport schaffe."

"Gestern beim Yoga ist etwas Witziges passiert, das muss ich erzählen..."

Aber alles in Maßen! Wenn du in einer neuen Gruppe gebeten wirst, etwas über dich zu erzählen, dann erwähne deine persönliche Positionierung und lass sie mit einfließen, das geht auch bei einem neuen Arbeitgeber: "Ich warne euch schonmal vor, ich liebe meinen Job, aber bei der Technik habe ich zwei linke Hände." Probiere es aus und erfinde dich so, wie du von anderen gesehen werden möchtest. Du kannst das Ganze auch üben, indem du dich bewusst in neue Gruppen begibst.

Durch dein äußeres Erscheinungsbild kannst du auch dein Selbstbewusstsein steigern. Da ich in diesem Metier kein Profi bin, habe ich einen Profi mit ins Boot geholt. Dunja ist Mode Stylistin und hilft Frauen dabei, ihren persönlichen Stil zu entwickeln. Sodass sie ihre innere Stärke auch nach außen sichtbar machen und die eigene Selbstsicherheit verbessern können. Sie wird uns für einen kurzen Moment in ihre Welt mitnehmen.

Stärke durch Kleidung dein Selbstbewusstsein

Wie steigert Kleidung unser Selbstbewusstsein?
Gastartikel von Dunja Heß

Kennst du das noch, wie du dich als Kind völlig unbedarft angezogen hast? Da wird die gestreifte Strumpfhose zum Pünktchenrock kombiniert und dazu noch die Gummistiefel. Genauso wolltest du da raus gehen. In dem Wissen das du unheimlich toll aussiehst und dass die Kinder im Kindergarten begeistert sein werden.

Damals war das alles noch sehr einfach. Das Wort Problemzone war für dich noch nicht erfunden und Trends kanntest du maximal aus der Spielzeugbranche. Wie oft holen Kinder Klamotten ihrer Mama aus dem Schrank und spielen Modenschau. Sie schauen sich begeistert im Spiegel an und freuen sich darüber ihrer Mama ein bisschen ähnlich zu sein. Als Kind kann man sich noch nicht vorstellen, dass diese wunderschöne Mama vielleicht gerade selbst an ihrem Aussehen zweifelt. Genauso wie du, einige Jahre später. Vielleicht hat sich damals schon deine Mama diese Dinge gesagt, die du dir heute vor dem Spiegel sagst. „Ist mein Körper schön genug? Sehe ich langweilig aus? Passt das überhaupt zusammen? Ich habe nichts Schönes zum Anziehen…“ Für dich als Kind unglaublich. Du bist noch sehr weit davon entfernt, dich so zu bewerten.

Wieso ist es uns dann irgendwann auf einmal so wichtig, ob andere Menschen uns auch optisch ansprechend und interessant finden?
Meine Theorie dazu ist, dass wir nie gelernt haben, uns durch Kleidung auszudrücken und uns modisch spätestens mit Beginn der Teenagerzeit anpassen. Was dazu führt, dass wir unser bis dahin erworbenes tiefes Urvertrauen und Selbstbewusstsein aufgeben und so tief vergraben, dass wir später alle Mühe haben, es wieder hervorzuholen.

Wir beginnen ab einer bestimmten Zeit, Idolen nachzueifern. In der Schulzeit ist es uns wichtiger denn je, dazu zu gehören. Wir sind in einer Phase der Neuorientierung, wissen eine Zeit lang nicht wirklich, wer wir sind. Möchten dazu gehören zu der Gruppe, die uns am meisten beeindruckt. Daher beginnen wir, uns zunächst einmal optisch so zu geben, dass man sofort bemerkt: „Ah, das ist eine von uns“. Da wir ganz oft denken, wir müssten einem bestimmten Bild entsprechen, um gemocht zu werden und Wertschätzung zu erfahren, beginnen wir spätestens hier, uns maximal anzupassen.

So entwickeln wir keinen eigenen Geschmack oder Stil, sondern hören auf das, was unser Umfeld als gut erachtet und womit wir Save sind. Wir wissen, so sind wir anerkannt, gehören zu dieser Gruppe und können uns sicher fühlen.

Das ist zunächst nichts Schlimmes, denn es gehört zu unserer Entwicklung dazu. Wenn jetzt nicht noch diese Selbstzweifel einsetzen würden, weil wir unser Ideal nicht ganz erreichen. Und das tun wir realistisch betrachtet nie. Vielleicht weil wir nicht die Figur haben, die wir haben sollten, oder die Haare nicht so makellos sind, ganz zu schweigen von der Haut. Vielleicht bekommen wir es auch einfach nicht gebacken, uns so cool zu stylen wie die Anderen. Irgendetwas spiegelt uns, dass wir nicht so perfekt sind, wie wir gern wären. Und manchmal kommt es mir vor, als würden wir genau diesen Spiegel weiter mit uns herumschleppen. Wir haben uns dieses Bild von dem, was wir sein sollten, so fest eingeprägt, dass wir es immer weiter vor uns herschleppen, ohne es zu hinterfragen.

Aber mittlerweile hast du mit persönlicher Weiterentwicklung angefangen und begonnen, eigene Werte, Regeln und Denkweisen zu erschaffen. Du beginnst, den alten Spiegel, der dir sagt wie du sein solltest, immer wieder zur Seite zu legen. Du hinterfragst, ob es tatsächlich dein Spiegel ist. Oder ob du ihn dir nur geliehen hast. Du wünschst dir, dein eigenes Spiegelbild wieder zu sehen.

Um dieses Bild zu verändern und endlich an das anzupassen, was du mittlerweile bist, ist der erste Schritt, dich auch optisch weiterzuentwickeln. Vielleicht passt dieser Look, den du gerade hast, einfach nicht mehr zu dir. Vielleicht bist du innerlich schon längst daraus gewachsen, dir fehlt aber der Mut oder die Ideen, das nach außen zu transportieren. Denn du hast innerlich an dir gearbeitet, dich entwickeln und bist dir deiner Selbst bewusst geworden. Wenn du aber dann etwas an deinem Äußeren veränderst, dann zeigst du damit allen, auf welchem Weg du bist. Es wird auffallen, dass etwas verändert ist und das kostet manchmal Mut. Daher möchte ich dir zeigen, wie du es schaffst, mit deinem Äußeren dein Selbstbewusstsein zu stärken.

Dafür gebe ich dir drei Schritte an die Hand, die dich ganz sicher zu einem neuen Look bringen werden.

Wer bist du und wer bist du nicht mehr?
Du hast mittlerweile herausgefunden, wer du bist und auch, wer du nicht mehr bist. Jetzt überlege mal, wie das in Punkto Kleidung aussieht. Wer bist du eigentlich wirklich und wird deine aktuelle Kleidung dir wirklich gerecht? Kann man dir auf den ersten Blick ansehen, was in dir steckt? Oder hält dich deine Kleidung in deinem alten, kleineren Ich fest und du bemerkst, wie du dich unwohl fühlst? Überlege genau und spüre mal in dich hinein. Auf einer Skala von 0 - 5, wie wohl fühlst du dich mit deinem Aussehen? Wie sehr passt es zu dir?

Tut deine Kleidung was für dich?
Die Frage ist immer, ob deine Kleidung dich gerade unterstützt oder ob sie dich bremst. Gibt sie dir Sicherheit und Selbstbewusstsein oder verunsichert sie dich? Suche dir 3 Outfits zusammen, in denen du dich mega wohl, souverän und selbstbewusst fühlst. In denen du dich richtig sexy fühlst. Zieh diese Outfits mal komplett an und mach Fotos von dir. Diese drei Outfits sind nun deine Superpower Outfits, die dir Selbstvertrauen schenken und etwas FÜR dich tun. Sie unterstützen dich, geben dir Selbstbewusstsein und Sicherheit.

3. Schau dir deine Superpower Outfits an und erkenne, was genau dir daran so gut gefällt. Warum sind genau das deine PowerLooks? Sind es die Schnitte, die Farben und Muster, die Kombination? Was genau findest du gut daran, was daran tut dir gut? Denn damit hast du den Blueprint für weitere PowerLooks. Und ich hoffe, dass irgendwann dein ganzer Schrank voll ist von diesen Powerlooks.

Denn was Kleidung kann, ist Selbstvertrauen zu schenken. Selbstvertrauen über unseren Körper und unser Aussehen. Wir dürfen nicht vergessen, dass unser Außen genauso beachtet werden will wie unser Innen. Und erst wenn Innen und Außen harmonisch sind, dann entsteht eine starke und souveräne Ausstrahlung. Dann beginnst du, dich vollkommen wohl zu fühlen und dich zu akzeptieren und anzunehmen, so wie du bist.

Ich habe eine kleine Geschichte aus einer Zeit, in der ich selbst voller Zweifel war. Ich habe damals eine Berufsausbildung gemacht, die ich nur meinen Eltern zuliebe gemacht habe. Du kannst dir vorstellen, dass ich ein sehr schüchterner und angepasster Teenager war und so landete ich in einer Ausbildung im öffentlichen Dienst. Ich war immer sehr unscheinbar und meine Outfits waren aus heutiger Sicht betrachtet sterbenslangweilig. Ich dachte ja selbst von mir, dass ich so langweilig bin, also sah ich auch so aus. Auch ein interessantes Phänomen. Auf jeden Fall stand die mündliche Abschlussprüfung bevor und ich war vorher in der Stadt um mir ein Outfit dafür zu kaufen. Ich suchte mir einen weißen Hosenanzug aus mit einem Shirt in Rosé. Ich sah wirklich mega aus.

Total Businessmäßig, so kannte ich mich gar nicht. Ein paar Tage später war es dann soweit. Ich musste vor einen durchaus etwas kritischen Prüfungsausschuss treten, denn sie kannten mich als schüchternen Dreierkandidaten mit Tendenz zur Vier. Ich lieferte ab, mit einer ungeheuren Ausstrahlung und in dem Wissen, dass ich großartig bin. Dieser Hosenanzug war mein Superpower Outfit und ich wuchs meilenweit über mich hinaus. In Wirklichkeit steckte das alles längst in mir, ich hatte nur bis dahin noch keinen Weg gefunden, das zu zeigen.
Am Ende saßen sie da, mit offenem Mund, einer fing an zu klatschen. Niemand hatte bei mir mit so einem Auftritt gerechnet und die Fassungslosigkeit war allen ins Gesicht geschrieben. Ich bekam meine 14 Punkte und schnitt als Jahrgangsbeste ab. Natürlich hatte ich vorher gelernt. Aber ich konnte das alles nur zeigen, weil ich mich so selbstsicher gefühlt hatte. Und das kam durch mein Outfit.

Was ich dir damit sagen will: natürlich ist es wichtig zu „lernen“, in deinem Fall dich innerlich stärken und weiterzuentwickeln. Aber irgendwann, wenn du soweit bist und es auch zeigen willst, dann kannst du durch ein Outfit das dir Selbstsicherheit verleiht über dich hinauswachsen. Du kannst dir eine ganz neue Tür öffnen und dein Inneres durch dein Äußeres stärken. Und zwar jeden einzelnen Tag. Und das ist doch eigentlich der Sinn von Mode und Styling, oder?

Noch heute suche ich mir jeden Morgen voller Begeisterung ein Superpower Outfit für den Tag raus. Und natürlich weiß ich, dass es sicher noch Tausende gibt, die besser aussehen, schlanker sind oder teurere Kleidung tragen. Aber das ist genau dann egal, wenn du für dich erkannt hast, dass das Du bist, die da in diesen mega schönen Outfits steckt. Nur du, ohne dich anzupassen oder jemand anderes sein zu wollen. Du in deiner vollen Größe und in deinem vollen Potential.

Ich wünsche dir, dass du deine Superpower Looks findest und damit alle vom Hocker haust,

xoxo Dunja Heß

Ziehe Selbstbewusstsein aus deiner Persönlichkeit

Sei mal ganz ehrlich, liebst du deine Multihelden-Natur? Liebst du deine unglaublich sensible Art und die vielen Emotionen, die auf dich einprasseln? Die unbändige Neugierde, die dich immer weiter antreibt und dich nicht zur Ruhe kommen lässt? Mal Hand aufs Herz: Findest du es toll, dass du immer noch nicht DIE eine Arbeit gefunden hast, die dich bis ans Lebensende erfüllt und bei der du nicht ständig parallel den Drang hast, irgendetwas Neues und Anderes auszuprobieren? Dass du tausend Projekte in deiner Wohnung irgendwo rumfliegen hast, aber keines davon zu Ende bringst?

Fühlst du dich manchmal auch wie ein richtiger Versager, der sein Leben einfach nicht hinbekommt und in einem kreativen Chaos versinkt? Und tut es dir im Herzen wahnsinnig weh, dass du als Kind noch so viele Träume hattest, so vieles ausprobieren wolltest und dass diese Träume immer kleiner und kleiner wurden? Hältst du dich mit Tagträumen in deinem grauen Alltag über Wasser?

Wenn du ehrlich zu dir selbst bist, merkst du, dass du mit der Zeit immer mehr an Farbe verlierst, an Intensität und Gefühl. Deine Tagträume fangen langsam an, grau zu werden. So wie auch du bei dir bemerkst, wie du mit jedem Jahr innerlich immer mehr ergraust. Dann ist da auch noch dein viel zu großes sensibles Herz, das mehr spürt, als dir lieb ist und alles auf dich einprasseln lässt. Liebst du es, dass du Dinge wahrzunehmen glaubst, die keiner sonst fühlen kann und du dich dauerhaft in Frage stellst?

Dass du nicht wie Andere den Tag über durchpowern und abends noch fröhlich weiter feiern kannst? Und bist du nicht auch insgeheim auf dich sauer, dass du nicht so funktionierst wie die Anderen? Hast du auch manchmal das Gefühl, du bist wie ein Gefühls-Chamäleon, das sich immer dem Gefühlsleben Anderer anpasst? Bist du nicht auch langsam dieses ständige auf und ab der Gefühlsachterbahn satt? Vom Himmel hoch jauchzend zu Tode betrübt. Wünschst du dir nicht auch manchmal einfach ein gähnend langweiliges Mittelmaß, nur um endlich mal Ruhe und Zufriedenheit in dir zu fühlen? Nicht wie eine Lok auf zwei Beinen umherzuirren ohne die geringste Ahnung, wohin du eigentlich unterwegs bist? Sondern willst mal ankommen und den Stillstand genießen?

Fühlst du dich gerade ertappt und vielleicht auch ein bisschen beschämt? Habe ich bei deinen geheimen Gedanken ins Schwarze getroffen? Fragst du dich: Woher zum Teufel weiß die das so genau?

Du bist ein Multiheld, ich bin ein Multiheld! Und wir haben in dem gleichen System versucht, zu überleben und unseren Platz darin zu finden. Und soll ich dir was verraten? Genauso fühlen sich ca. 25% in ganz Deutschland. You are not alone, auch wenn es sich manchmal danach anfühlt. Kennst du Elon Musk? Ein Multiheld, wie er im Buche steht. Er hat sich selbst das Leben kreiert, von dem er schon immer geträumt hat. Und weißt du was? Er erfüllt sich einen Traum nach dem Anderen. Und wie alle Multihelden hat er davon viele! Wie hat er es geschafft, so viel Selbstbewusstsein und Kraft aus seiner Multihelden-Natur zu ziehen? Er hat sich selbst kennen- und verstehen gelernt! In einem Interview sagte er: "Ich brauche kein Ingenieur zu sein, um ein Raumschiff zu bauen, das auf den Mars fliegen kann. Ich muss nur wissen, dass es geht und gemeinsam mit anderen den Weg entdecken!"

Und wir, wir entdecken jetzt dich, damit du Stärken aus deiner sensiblen Seite und deiner Scanner Seite ziehen kannst! Damit du deine Multihelden-Natur als Selbstbewusstseinsantrieb verwenden kannst, um deine Träume zu erreichen!

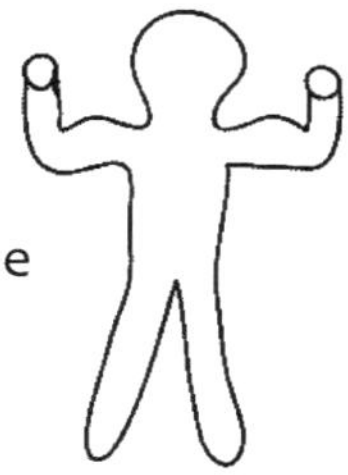

Wie du Selbstbewusstsein aus deiner Sensibilität und Scanner Persönlichkeit ziehen kannst

#binzusensibelfürdiesewelt

Es gibt Menschen, die können sich prima an vorgegebene Prozesse halten und es gibt andere die denken lieber bei der Arbeit mit! Beide Seiten sind super wichtig. Für Multihelden ist wichtig: Wir gehören zu den Letzteren, weshalb es uns auch so schwerfällt, immer wieder das Gleiche zu tun, uns immer wieder an gleiche Prozesse und Abläufe zu halten. Wenn wir solche Aufgaben auf der Arbeit erledigen müssen, fangen wir häufig an Fehler zu machen. Viele von uns Multihelden nehmen dies als Beweis, dass sie keine guten Arbeitnehmer sind, dass etwas mit ihnen nicht stimmt oder sie schlichtweg zu doof sind. Doch genau das Gegenteil ist der Fall! Wir machen Fehler, weil wir unterfordert sind. Wir wollen bei der Arbeit mitdenken können, etwas verändern, etwas verbessern und optimieren. Wenn das bei unseren Aufgaben nicht gefordert wird, sind wir gelangweilt und die Fehlerquote steigt.

Hinter dieser Schwäche steckt eine ganz wunderbare Stärke, nämlich die Fähigkeit, neue Dinge zu erschaffen. Während Andere den bestehenden Prozess erkennen, sind für uns die verschiedenen Optionen sichtbar. Deshalb können wir auch so wunderbar gut neue Prozesse aufstellen. Wir sehen die neuen Wege und optimieren so lange, bis es perfekt ist. Steht der Prozess einmal, wird es für uns zur Qual, uns an diesen Prozess zu halten, denn wir würden am liebsten gleich weiterziehen und irgendwo anders etwas Neues erschaffen. Das dahinter liegende Denkmuster ist auch dafür verantwortlich, dass die schiere Flut an Ideen und Einfällen nie endet und auch für unsere häufig sehr kreativ ausgeprägte Ader trägt es die Verantwortung.

Falls du dich das nächste Mal ärgerst, weil du dich wieder mal nicht fehlerfrei einem Prozess widmen kannst oder du es partout nicht hinbekommst, dich an deine eigenen Routinen zu halten. Lächle, denn dahinter steckt eine Stärke, die dein Wesen einzigartig macht. Wir lieben es neue Dinge zu lernen, weshalb wir in kürzester Zeit ein ziemlich breites Spektrum an Wissen mit uns herumführen. Was klasse ist, denn wir können anfangen quer zu denken, Zusammenhänge herzustellen und uns für eine Lösung aus mehreren Schatztruhen entscheiden.

Damit du besser verstehst was ich meine, gebe ich dir ein Beispiel aus meinem Leben:
Ich wurde mit 20 nach Beendigung meiner Ausbildung zur Kauffrau für Marketing und Kommunikation gleich ins kalte Wasser geworfen und bekam eine Projektleiter-Stelle bei der OttoGroup (das sind die mit den Katalogen). Die Stelle hatte nicht nur Personalverantwortung, sondern auch fast eine halbe Million an Budgetverantwortung. Für mich als Zwanzigjährige war diese Verantwortung riesig. Falls du dich an dieser Stelle fragst, wie man einem jungen Menschen so viel Kohle in die Hand drücken kann: Meine damalige Chefin glaubte so sehr an mich und meine Fähigkeiten, dass sie sich bis in den Betriebsrat für mich stark machte und versprach, mich an die Hand zu nehmen, bis ich in die Stelle hineinwachsen würde. Leider wurde sie nach einem halben Jahr des an-die-Hand-nehmens und Einarbeitens gefeuert.

Warum bin ich nicht in diesem eigentlich viel zu großen Job untergegangen und im kalten Wasser ersoffen?

Ich war die Hauptverantwortliche für den Hauptkatalog und unter anderem für die Titel-Shootings zuständig. Und da konnte ich zum ersten Mal von meiner Multihelden-Natur Gebrauch machen. Ich hatte als Teenager leidenschaftlich gerne fotografiert, weshalb ich genau wusste, was ein Fotograf braucht, damit er gut arbeiten kann. Ich musste während eines Praktikums als Model einspringen, weshalb ich genau wusste, wie man sich der Kamera fühlt. Zum Leidwesen meiner Ausbilderin konnte ich trotz meiner Wahl für das Marketing nie die Finger von der Bildbearbeitung lassen, weshalb ich auch hier wieder genau wusste, was ein Grafik-Designer für Bildmaterial braucht, um gut arbeiten zu können. Und ich wurde während meiner Ausbildung oft genug angeranzt, wodurch ich wusste: Es ist nicht sehr förderlich für die Motivation, wenn man seine Teammitglieder unschön behandelt. Ende vom Lied: Ich kannte alle Schnittstellen und konnte sie optimal aufeinander abstimmen.

Und genau diese Fähigkeiten schlummern auch in dir. Wir Multihelden sind wahre Meister in der Schnittstellen-Arbeit. Nicht nur, weil wir eine wahnsinnig schnelle Auffassungsgabe haben, nein, wir können das Gelernte super gut vernetzen und dadurch Neues erschaffen. Anfang der 80iger Jahre, als die Coaching-Welle nach Deutschland schwappte, schnappten einige das Wort proaktiv auf, ohne zu wissen, was es damit genau auf sich hat. Und es ist bis heute ein Modewort bei vielen Einstellungsgesprächen. Übrigens sind die Eigenschaften, die hinter dem Wort proaktiv liegen, bei den meisten ausgeschriebenen Stellen total kontraproduktiv, aber das ist eine andere Baustelle. Zurück zum Modewort PROAKTIV. Jemand der proaktiv denken kann, hat die Fähigkeit, vorausschauend zu planen und zu handeln. Bei den meisten von uns Multihelden ist diese Fähigkeit stark ausgeprägt. Herzlichen Glückwunsch, das macht dich zu einem begehrenswerten Mitarbeiter!

Deine Empathie Fähigkeit macht dich sehr häufig zu einem begehrenswerten Teammitglied und das hast du deiner sensiblen Ader zu verdanken. Du merkst ziemlich schnell, wenn die Stimmung im Raum kippt und kannst entsprechend handeln, wenn du genügend Selbstbewusstsein hast und dich traust. Du fühlst, wenn sich jemand in der Gruppe unwohl fühlt oder etwas braucht, um besser arbeiten zu können. Wenn du dir die Zeit für deine Sensibelchen-Seite nimmst, dann fallen dir wichtige Details ins Auge und wir wissen ja alle, dass die kleinen Dinge den Unterschied machen können.

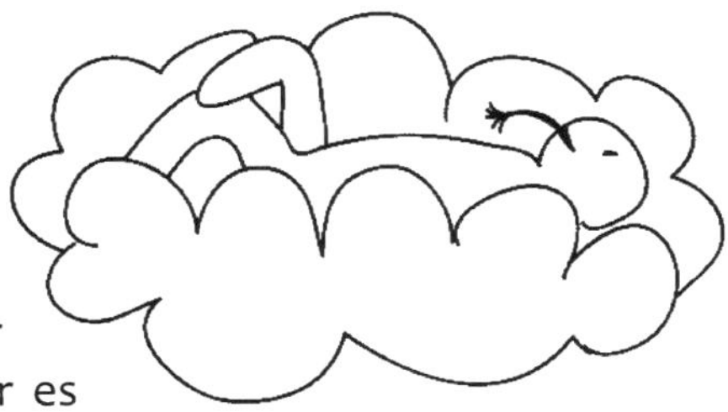

In uns schlummern tolle Führungskräfte, denn wir merken nicht nur, was unsere Mitarbeiter brauchen, um glücklich zu sein, sondern erkennen auch die Stärken jedes Einzelnen und können sie super koordinieren. Gleichzeitig schaffen wir es mit unserem inneren Drang nach Verbundenheit, ein tolles WIR-Gefühl im Team entstehen zu lassen. Du suchst nach Sinn in deinem Leben und leidest, wenn er nicht da ist. Das führt dazu, dass du automatisch auch in deiner Arbeit nach Sinn suchst und auch deinen Mitarbeitern Sinn in ihrer Arbeit vermittelst. Liebevolle Strenge mit jeder Menge Spaß und Humor, so könnte man deinen Führungsstil beschreiben, wenn man dir freie Hand ließe.

All die beschriebenen Eigenschaften machen dich auch zu einem wundervollen Unternehmer. Kennst du Laura Seiler? Bestimmt, sie ist auch ein Multiheld. Sie hat gelernt, sich und ihre Fähigkeiten zu lieben und in ihr Business zu transferieren. Sie braucht kein Druck-Marketing, keine Verkaufsmaschen oder Speaker-Techniken. Sie weiß, wie sie funktioniert, sie kennt ihre Fähigkeiten und Stärken. Und sie ist einfach sie selbst, lässt das raus, was sie fühlt und erreicht durch ihre Gefühle tausende Menschen. Wenn du unter die großen Marketer und Unternehmer gehst, dann empfinden sie ihre Methoden Belächelns Wert und ihren Erfolg als Glücksgriff, weil sie noch nicht begreifen, dass man mit Druck und Stress weniger weit kommt, als mit Persönlichkeit und Empathie. Die Welt ist im Wandel und braucht viele selbstbewusste Multihelden, die auf ihre Art und mit viel Gefühl die Welt zu einem besseren Ort machen.

Wenn du dich, deine Stärken und deine Eigenheiten noch besser kennenlernst, dann wirst du immer mehr Kraft aus deiner Multihelden Natur ziehen können. Einfach weil du verstehst, wie du funktionierst und was du brauchst, um dich und dein Können optimal einsetzen zu können und das macht dich unglaublich selbstbewusst. Denn du strahlst von innen und das Wissen um dich und wie toll du bist, kann dir keiner mehr nehmen!

ENDSPURT

Dein Moment des Erfolges und der Motivation:

#yeah

Zum Schluss noch ein kleiner Moment nur für dich. Da du das Buch ganz durchgelesen hast: Herzlichen Glückwunsch, du hast richtig viel in dich investiert!

Mach weiter so, damit du immer weiterwächst und der Welt irgendwann den großartigen Mensch zeigen kannst, der in dir steckt!

Die größte Hürde, nachdem man so viel Wissen dazu gewonnen hat, ist die daran anschließende Phase. Das Wichtigste ist, dass du ins Handeln kommst. Jetzt gleich, sofort! Dein Selbstbewusstsein wartet auf dich und möchte entfesselt werden! Damit dir das gelingt, möchte ich dir noch ein paar Fragen mit auf den Weg geben.

Versteck dich nicht, du bist toll!

1. *Was möchtest du bis nächste Woche verändern?*
2. *Wo willst du in einem Monat sein?*
3. *Wie möchtest du nächstes Jahr sein?*
4. *In welche kleinen Teilschritte kannst du deinen Weg zerlegen?*

let's coach!

Die Sache mit den Entscheidungen

#ichentscheidemichnochbisschenzuwarten

Du hast auf den letzten Seiten eine Menge gelernt, über dich, das Selbstbewusstsein und wie du es bekommen beziehungsweise steigern kannst. Du hast interessante Dinge erfahren und dir Ziele gesteckt, nun ist es an der Zeit, eine Entscheidung zu treffen. Die Entscheidung, ob du gleich jetzt den ersten Schritt machen möchtest. Die nächsten 24 Stunden sind entscheidend. Wer es schafft, in den nächsten Stunden die ersten Schritte zu machen, wird sein Ziel nachweislich viel eher erreichen als jemand, der sich jetzt erst einmal zurücklehnt. Nutze deine Motivationswelle bevor sich dein Kopf mit Bedenken und Ausreden einschaltet.

Woran liegt das?

Wir Menschen und Veränderungen, das ist nicht immer leicht. Leider spielt dein Gehirn am Anfang noch für das gegnerische Team, denn es mag keine Veränderungen - damit will es dich beschützen. In den ersten 24 Stunden ist dein Gehirn noch abgelenkt, da es sich mit dem ganzen neuen Wissen beschäftigt und du bist noch motiviert, denn die neuen Eindrücke und gewonnenen Erkenntnisse sind noch alle ganz frisch. Ein super guter Moment, um das auszunutzen. Also:

let's coach!

Und für alle Entscheidungsmuffel unter uns: Wenn du keine Entscheidung triffst, dann trifft sie jemand anders für dich! Auch heute, jetzt und hier. Wer andere für sich entscheiden lässt, der lebt fremdbestimmt und ein fremdbestimmter Mensch kann nicht selbstbewusst werden.

Ich weiß, dass es anstrengend und demotivierend sein kann, wenn man seine ganze Energie und Kraft in eine Sache investiert und übermorgen nicht gleich eine glorreiche Veränderung wahrnimmt. Habe Geduld und Verständnis für dich. Die selbstbewussten und charismatischen Menschen, die wir bewundern, haben ihr ganzes Leben lang trainiert. Denke immer daran: Es ist noch kein Meister vom Himmel gefallen! Gib dir Zeit, aber sei nicht untätig!

wenn du dich

NICHT

entscheidest,

ist das auch

→ **EINE** ←

ENTSCHEIDUNG

Die letzte Übung:

#lassdichhuggsenundkissen

Als letztes möchte ich dir gerne noch diese kleine Übung mit auf den Weg geben. Du kennst sie vielleicht schon und weißt, wie hilfreich sie sein wird: Schreibe einen Brief an dich selbst, für den Moment, in dem es dir nicht gelungen ist, selbstbewusst zu sein oder dich so zu verhalten.

Für den Moment, wenn du wieder in alte Verhaltensmuster gefallen bist und das Gefühl hattest zu versagen. Du bist der beste Coach, den du und dein Leben sich wünschen können, denn du weißt ganz genau, was du in so einer Situation brauchst, welche Worte dir guttun und was dich wiederaufbaut. Zeige Verständnis und sei liebevoll.

Denke immer daran, was du zu deiner Freundin oder deinem Freund sagen würdest.

Einen solchen Brief in einem unglücklichen Moment zu lesen, ist etwas ganz Besonderes und macht sehr selbstbewusst, denn es zeigt nicht nur, dass du es schaffst, dich selbst aus einem Tief herauszuholen, sondern auch, dass der wichtigste Mensch auf der Welt - nämlich du - dein Freund ist, zu dir steht und Verständnis für dich hat.

WARTE nicht BIS ALLES GENAU genau richtig IST

ES WIRD niemals **PERFEKT** SEIN

ES WIRD immer Herausforderungen

Hindernisse UND NICHT optimale Bedingungen GEBEN

NA UND?

FANG JETZT AN!

MIT JEDEM Schritt, DEN DU UNTERNIMMST, WIRST DU **STÄRKER** UND Stärker

immer geschickter selbstbewusster erfolgreicher

-mark victor hansen-

Merci

Danke, dass du angefangen hast, dich mit dir selbst zu beschäftigen. Würden das alle Menschen machen, wäre die Welt ein besserer Ort.

Gib niemals auf und glaube immer an dich. Wenn du magst, kannst du mir gerne schreiben und mir deine Erfolge, Hürden oder Herausforderungen mitteilen. Melde dich auch gerne bei mir, wenn du das Gefühl hast, nicht weiterzukommen. Trau dich und raus aus deiner Komfortzone!

Wenn dir das Buch gefallen hat, würde ich mich seeeehr freuen, wenn du mir eine Bewertung bei Amazon hinterlässt, damit mein Buch seinen Weg zu noch mehr Menschen findet und die Welt bald voller selbstbewusster Multihelden ist. Falls dir mein Buch nicht gefallen hat, dann kannst du mir gerne schreiben und deine Gedanken und Kritiken mit mir teilen, vielleicht schaffen wir es gemeinsam, dieses Buch noch besser zu machen.

Ich danke dir!

Deine Christina

Wer schreibt denn hier?

#schreibtklugesachenkomischissetrotzdem

Hey ich bin Christina, Podcasterin, Autorin und Coach für hochsensible Scanner.

Ich träume von einer Welt, in der es für jeden stinknormal ist, seine 1.000 Träume zu verwirklichen und verrückte Ideen umzusetzen – in der Erwachsene auch Kinder sein dürfen. Um das zu schaffen, entfessele ich diejenigen, die vor Energie, Fantasie und Begeisterung sprühen – denn jeder entfesselte Multiheld kann 100 weitere Menschen entflammen.

Ich liebe Yoga, Harry Potter und alle 3 Tage sprudelt eine neue Idee aus mir raus.

Beste Unterstützung der Welt

Falls du dich gefragt hast, wer diese mega geilen Zeichnungen kreiert hat, darf ich vorstellen: Miriam Pospischil. Kreativer Chaos Kopf und gute Seele hinter den Kulissen.

Willst **DU** WEITER WACHSEN?

WIE DU AUS 1.000 TRÄUMEN EIN BUSINESS MACHST

Schwimmen bei dir auch so viele Ideen in deinem Kopf herum? Hast du schon einmal darüber nachgedacht, sie umzusetzen und damit Geld zu verdienen? Wir Multihelden sind die geborenen Unternehmer! Und ich helfe dir dabei - Schritt für Schritt - deine Träume wahr werden zu lassen.

In diesem Kurs lernst du:

- Die perfekte Arbeitstag-Struktur, die dich sau produktiv macht und gleichzeitig für Freiheit, Vielfalt und Ruhe sorgt

- Wie du deine sensible Seite gleichzeitig schützen und gezielt nutzen kannst, um dein Business zu stärken

- Welches Leitmotiv dich antreibt und für Motivation sorgt

www.justmycoach.de

MULTIHELDEN COACHING

Willst du dich von deinen Altlasten befreien, besser kennen lernen oder in deinem Leben weiterkommen?
Beim Multihelden Coaching geht es unter anderem darum:

- Hinderliche Glaubenssätze auflösen
- Neue hilfreiche Glaubenssätze erschaffen
- Blockaden auflösen
- Ziele erreichen
- Ballast aus der Kindheit loswerden
- Ich-Beziehung stärken
- Selbstfindung
- Veränderungsprozesse

www.justmycoach.de

SEI GANZ NAH DABEI UND HOLE DIR INSPIRATIONEN IN DEINEN ALLTAG BEIM:

miss.multiheld

INSTAGRAM:

- Sei live dabei, beim Multihelden Talk

- Lese inspirierende Briefe aus dem Alltag eines Multihelden

Begleite mich und meinen Weg in den Stories

www.justmycoach.de

Dickes Dankeschön

Ich habe mich immer gefragt, wer bei den ganzen Büchern die Dankes Seiten liest. Doch jetzt wo ich selbst mein erstes Buch in Händen halte verstehe ich den Drang, mich bei allen zu bedanken. Denn es steckt schweineviel Arbeit in so einem Buch und ohne tollem Team im Backround hätte ich es niemals geschafft. Und so möchte ich mich auf meine Weise bei allen Bedanken. Und auf meine Weise bedeutet, mit vielen Rechschreibfehlern, denn die Beta Leser und das Lektorat haben schon Feierabend.

Danke an meinen Kerl, der alle Heulkrisen mit viel Geduld überstanden hat. Und während ich an ihn denke erinnere ich mich an unser Gespräch als er mir erklärt hat, das man Krise ohne E schreibt. Vielleicht wird das ja doch noch was mit der Rechtschreibung und mir #verlegenesräuspern. Auf jeden Fall DANKE für deine großartige Unterstützung, für deine genialen Einfälle. Du bist Wunderbar!

Danke an die liebe Miri, für deine unkomplizierte und so loyale und wertschätzende Unterstützung. Du bist meine erste Mitarbeiterin und hast wirklich wundervolle Arbeit geleistet. Danke an all die langen Nächte, an deine Motivationssprüche. An die vielen Lacher und #fickdochdiehenne Sprüche um mal kurz negative Energie abzulassen. Es hat mir so viel Spaß bereitet und der Tag an dem du gehst wird definitiv ein Netflix-Schnulzen-mit-viel-Taschentücher-Tag werden.

Meine Möm und meinen Dad und meine wundervollen Schwiegereltern-in-Lauer-Stellung
Ich weiß es ist nicht einfach, wenn die Tochter plötzlich auf so absurde Gedanken kommt, wie ich schmeiße meinen Job und verdiene jetzt Geld in diesem ominösen Internetz und dann hat sie sich auch noch in den Kopf gesetzt, ein Buch zu schreiben. Danke für die vollen Kühlschränke, jede gekochte Mahlzeit war eine wärmende und geborgene Umarmung in meiner Welt in der sich gerade so viel verändert. Danke für all eure Unterstützung!

Meinen Inner Circle: Josy, Jenny, Lenatura, Franzi, Sebi, Ute, Jennifer, Dunja, Lisa, Rebekkn, Nicole, Matthias

Danke für euren ganzen Senf, wenn ich mal wieder unsicher und Entscheidungs unfreudig war. Ihr wart mir wirklich eine großartige Unterstützung. Und sehr unterhaltsam! Fühlt euch gedrückt!

Nicole
Fan erster Stunde. Ich liebe deine Romanartigen E-Mails! Du weißt gar nicht was für eine tolle Unterstützung du warst. Und du bist wahrscheinlich die Einzige, die so goldig ist, selbst die Danke Seite zu lesen. :)
#ichweißsmileyszuverwendenistunprofessionell
#deshalbgibtesjahashtagsdiedasganzeausdemoffkommentierenkönnen

Das Institut für WirkKommunikation
Für die geilsten Coaching Ausbildungen, die die Welt je gesehen hat. Ich kam um Coach zu werden und lernte mich selbst kennen und lieben. Und nicht zu vergessen auch mein Selbstbewusstsein, denn ohne würde dieses Buch hier nicht existieren. Ihr macht wirklich großartige Arbeit! Und am liebsten würde ich die ganze Menschheit mal zu euch schicken. Danach hätten wir Weltfrieden. Garantiert!

All meine Instagrammer und Facebookler
Danke für eure tolle Unterstützung! Jeder Kommentar, jeder like, jede Nachricht bedeutet mir wahnsinnig viel! Auch ihr habt dieses Buch erschaffen und mit euren ganzen Empfehlungen finden und entfesseln wir noch sehr viele weitere Multihelden!

Danke LOA und ROB von der Awesome People Talentschmiede
Es war so wunderbar Teil dieses großartigen Projekts zu sein und Dank euch, durfte ich so viel lernen und so viele wunderbare Menschen kennen lernen.

Danke Timo vom Digitale Nomaden Podcast und Laura Seiler
Ihr zwei habt mir wohl die wichtigsten Arschtritte meines Lebens verpasst! Danke dafür! Meine linke Arschbacke ist seitdem nicht mehr dieselbe :D und das ist auch gut so!

Janka und Kerl (Ich schwöre er sieht aus wie Mario Götze)

Eure Hilfe kam zur rechten Zeit! Dank, danke, danke ohne euch und euer tolles Business hätte ich viele Heulkrämpfe vor dem Rechner bekommen, in dem verzweifelten Versuch, wie man zum Teufel noch mal ein eBook erstellt. Eure Schulung war so wertvoll!

Danke an alle Freunde und Bekannte, die immer wieder so fleißig Werbung für mich machen. Und all die, die ich vergessen hab. Ich bin euch aus tiefstem Herzen Dankbar, auch wenn ich euch grade nicht namentlich auf dem Schirm hab. Ihr wisst, dass ihr toll seid! Immerhin habt ihr ja gerade mein Buch gelesen #witzkommraus

Danke euch!
Eure Christina

Impressum

1. Auflage

Kontakt: Christina Richter, Rosenstraße 7, 63526 Erlensee

Covergestaltung: Christina Richter, Miriam Pospischil, Anna-Lara Buchner, Denise Rügamer
Coverfoto: Christina Richter